Doma Vaquera
Schritt für Schritt zur spanischen Arbeitsreitweise

Doma Vaquera

Schritt für Schritt zur spanischen Arbeitsreitweise

von

Brigitte Millán-Ruiz

Haftungsauschluss:
Autorin und Verlag haben den Inhalt dieses Buches mit großer Sorgfalt und nach bestem
Wissen und Gewissen zusammengestellt. Für eventuelle Schäden an Mensch und Tier,
die als Folge von Handlungen und/oder gefassten Beschlüssen aufgrund der gegebenen
Informationen entstehen, kann dennoch keine Haftung übernommen werden.

Impressum
Copyright@2015 by Cadmos Verlag, Schwarzenbek
Gestaltung: www.ravenstein2.de
Coverfoto: Peter Müller, mit freundlicher
Genehmigung der ANCCE, Sevilla
Fotos im Innenteil: Rafael Lemos
Zeichnungen: Gabriele Wagner
Druck und Bindung: Druck KN Digital Printforce GmbH,
Ferdinand-Jühlke-Straße 7, D-99095 Erfurt

Deutsche Nationalbibliothek – CIP-Einheitsaufnahme
Die Deutsche Nationalbibliothek verzeichnet diese Publikation in der Deutschen Nationalbibliografie;
detaillierte bibliografische Daten sind im Internet über http://dnb.ddb.de abrufbar.

Alle Rechte vorbehalten.

Abdruck oder Speicherung in elektronischen Medien nur nach vorheriger schriftlicher
Genehmigung durch den Verlag.

ISBN 978-3-8404-0014-8, Hardcover, Inhalt farbig
ISBN 978-3-8404-0013-1, Broschur, Inhalt farbig
ISBN 978-3-8404-0012-4, Broschur, Inhalt s/w

Inhalt

Vorwort:
Doma Vaquera zwischen gestern und heute — 8

Die Entwicklung der Doma Vaquera — 14

Historischer Rückblick — 14
    Der Ursprung: Die Jineta, Reitkunst der Krieger — 16
    Der Alltag: Die Arbeit im Feld — 17
    Die Kunst: Der Rejoneo - Stierkampf zu Pferd — 21
Die Doma Vaquera heute — 24
    Tradition und Fortschritt — 24
    Acoso und Derribo: Praxis und Sport — 26
    Der Rejoneo -
    heidnisches Ritual oder Reitkunst in Vollendung? — 29
    Der Wettbewerb: Doma Vaquera als Turnierdisziplin — 33
Das Doma Vaquera Pferd — 36
    Das Erscheinungsbild des idealen Doma Vaquera Pferdes — 36
        Die äußere Form — 36
        Die inneren Werte — 38
Die Entwicklung der Pferdetypen für den Einsatz in der Doma Vaquera — 39

Die Ausstattung des Doma Vaquera Pferdes — 42

Einige Äußerlichkeiten: Schweif und Mähne des Doma Vaquera Pferdes — 42
Die traditionelle Ausstattung des Vaqueropferdes — 45
    Die Satteltypen — 46
        Der Spanische Sattel - *silla espanõla* — 47
        Der Vaquerosattel - *silla vaquera* — 49
    Zäumung und Zügel — 51
    Die Spanische Kandare — 54
    Die Serreta: geniale Ausbildungshilfe oder Marterinstrument? — 57

Inhalt

Die Doma Vaquera und andere Reitdisziplinen — 60

Generelle Grundlagen der Ausbildung 60
    Die Gänge des Pferdes
    und ihre Verwendung in der Doma Vaquera 60
        Der Schritt 61
        Der Trab 62
        Der Galopp 63
    Die Hilfen des Reiters 64
    Art und Wirkung der Zügelführung 66
    Die halbe Parade 70
Doma Vaquera und Westernreiten: Gemeinsamkeiten und Unterschiede 70

Die Ausbildung des Doma Vaquera Pferdes 74

Grundausbildung 74
    Die Arbeit an der Longe 75
    Die Basisarbeit des gerittenen Pferdes 78
        Anreiten und Anhalten 80
        Die Grundgangarten 80
        Handwechsel 82
        Ecken, Wendungen und Zirkel 83
        Seitliches Biegen 84
        Übergänge und Verstärkungen 86
        Die Parade 88
        Rückwärtsrichten 89
    Die Arbeit im Gelände 90
    Die Arbeit im Galopp 92
        Zirkelverkleinern - Zirkelvergrößern 92
        Der Außengalopp 93
Weiterführende Übungen 97
    Die Seitengänge 97
        Vorderhandwendung 99
        Schenkelweichen 99
        Ganzer Travers und Traversale 100
    Pirouetten und Vaquerawendungen 104
        Pirouette auf der Vorderhand 104
        Pirouette auf der Hinterhand 105
        Halbe Vaquerawendung im Schritt 106
        Halbe Vaquerawendung im Galopp 107
        Ganze Vaquerawendung im Galopp 109

Inhalt

Letzte Perfektion im Galopp	110
Fliegende Galoppwechsel	110
Beschleunigung, Verkürzung, Wendung und erneute Beschleunigung im Galopp	112
Beschleunigung und plötzliche Parade	113
Rückwärtsrichten und Anreiten im Sprintgalopp	115
Das Reglement der Doma Vaquera Turniere	**116**
Die Turnierordnung	117
Das Viereck	118
Die Richter	118
Die Kleidung des Reiters	118
Die Ausrüstung des Pferdes	119
Die Vorstellung von Reiter und Pferd	119
Der Gruß	119
Die Haltung der Zügel	119
Die Ausführung der Übungen im Viereck	121
Die allgemeine Bewertung von Reiter und Pferd	121
Die Prüfungskategorien	122
Aufgaben für Doma Vaquera Turniere	122
Klasse 1: Junge Pferde, leichter Schwierigkeitsgrad	123
Klasse 2: Pferde aller Kategorien, mittlerer Schwierigkeitsgrad	124
Klasse 3: Pferde aller Kategorien, hoher Schwierigkeitsgrad	127
Die Tradition der Vaquerobekleidung	**130**
Die Kleidung der Frau	137
Nachwort: Ein Plädoyer für die Tradition	**138**
Ein herzliches Dankeschön	143
Literaturverzeichnis	144

Die Doma Vaquera ist in erster Linie eine Arbeitsreitweise, geprägt durch die Notwendigkeit, die Rinder im freien Feld unter Kontrolle zu halten.

Vorwort: Doma Vaquera zwischen gestern und heute

Fragt man außerhalb Spaniens jemanden nach der „spanischen Reitweise", erhält man meist die ziemlich unsichere Beschreibung eines aus verschiedensten Elementen zusammengesetzten Reitstils. Dinge wie Sattel, Zäumung und die Tracht des Reiters spielen ebenso eine Rolle im Bewußtsein des Mitteleuropäers wie die augenscheinliche Leichtigkeit des spanischen Reitens an sich. Die Beine des Reiters befinden sich nur locker am Pferd, kein Riegeln vorne, kein krampfhaftes Treiben von hinten: durch fast unsichtbare Gewichtshilfen,

Vorwort: Doma Vaquera zwischen gestern und heute

ein leichtes Kontaktnehmen des Zügels mit dem Hals des Pferdes, ja fast nur durch einen Gedanken „zaubert" der Spanier mit seinem Pferd die unglaublichsten Lektionen.

Darüberhinaus sind auch Aufgaben wie Passage, Spanischer Schritt und Kompliment oder sogar Hinknien und Sitzen fest im „iberischen Verständnis" der hiesigen Reiter verankert.

Reiten im bequemen Sattel, Kontrolle des Pferdes durch bloße Gewichtsverlagerung, ein absolut gehorsames Pferd als Partner und all das vor dem Hintergrund des spanischen Lebensgefühls und seiner Tradition: dies klingt reizvoll und verleitet so manchen Freizeitreiter zu einem „spanischen Traum", dem Traum nämlich, als Alternative zu der „trockenen, lehrbuchhaften Schulreiterei" sein Pferd „iberisch" auszubilden.

Der Wunsch, der vielfach hinter dieser Vorstellung steht, ist, ein leichttrittiges Pferd zu besitzen, das mit seinem Reiter über andeutungsweise Hilfen kommuniziert und vom Reittier zum Partner wird.

Bei manchen Reitern ist es vielleicht aber bloß der Wunsch, die harte Ausbildungsarbeit der klassischen Dressur zu umgehen und auf dem Weg des (wie sie glauben) geringeren Widerstandes zu einem guten Reiter auf einem guten Pferd zu werden.

Reiter mit dieser Intention werden auch von der spanischen Reiterei bitter enttäuscht werden, denn harte Arbeit, viel Geduld und ein jahrelanger Ausbildungsweg sind auch hier die Voraussetzungen für perfekte Harmonie von Reiter und Pferd.

Bevor wir uns nun auf den Weg zu der Verwirklichung des „spanischen Traumes" machen, muß jedoch ein allgemeines Begriffschaos geklärt und einiges zu spanischer Reittradition im allgemeinen gesagt werden. Allzugroß sind die Mißverständnisse, die sich in den vergangenen Jahren zumindestens im deutschsprachigen Raum, mehr oder weniger jedoch in den meisten europäischen Ländern breit gemacht haben (Spanien natürlich ausgenommen!).

Das hierzulande sehr beliebte „iberische Reiten" ist ein Mischstil, der, zum größten Teil auf der Basis der spanischen Doma Vaquera entstanden, doch viele Anleihen aus der akademischen Reiterei und anderen Reitweisen entnahm.

Auch wenn die „Doma clásica" oder klassische Dressur im Sinne der Hohen Schule ihren Ursprung ebenfalls auf der iberischen Halbinsel hat, so ist doch ihre Lehre von der Tradition der Doma Vaquera grundlegend verschieden.

Während die Doma Vaquera in erster Linie eine Arbeitsreitweise ist, deren Elemente aus der Notwendigkeit entstanden, den Rindern in freier Wildbahn die (über-) lebensnotwendigen Reaktionen abzufordern, stellt die akademische Reiterei (Doma alta) eine Reitform dar,

Vorwort: Doma Vaquera zwischen gestern und heute

deren Purismus in erster Linie an den Höfen der Aristokratie gepflegt wurde. Reiten um seiner selbst willen, das perfekt ausgebildete Pferd als Kunstwerk, so sahen die Junker und Edelmänner des barocken Europas den Sinn des Reitens.

Kein Vaqueropferd im ursprünglichen Sinn lernte Lektionen wie Piaffe oder Passage. Dennoch verlangten ihnen ihre täglichen Aufgaben einen derart hohen Versammlungsgrad ab, daß sie (bei Bedarf) auch diese Aufgaben mit Leichtigkeit erlernten.

Dieser Tatsache begegnet man im Rejoneo, dem berittenen Stierkampf, wo den Elementen der Doma Vaquera unbeirrt das Prunkgehabe der Gangarten hoher Schule wie eben Passage oder Spanischer Schritt sowie Spanischer Trab hinzugefügt wird.

Das heißt: Gemischt werden Stilelemente der beiden Reitweisen auch in Spanien (also traditionellerweise beim Rejoneo oder modern bei den Turnieren der Doma Vaquera). Dennoch scheint es notwendig, die Reinheit der Stile bis zu einem gewissen Grad zu verteidigen und zu unterstützen.

Genausowenig wie ein Westernreiter den Lektionen von Piaffe und Passage einen besonderen Stellenwert in der Ausbildung seines Pferdes einräumt, sah der ursprüngliche spanische Vaquero Einser-Changements im Galopp oder Spanischen Schritt als wichtigste Lektion seines Pferdes, ganz zu schweigen von den diversen Elementen der Zirkus- oder Showreiterei wie Knien, Sitzen oder Kompliment, die auch in Spanien jeglicher Tradition in der Gebrauchsreiterei entbehren. Sie sind als Spielerei, als schmückendes Beiwerk zu interpretieren, die in der Beschäftigung mit dem Pferd sicherlich ihren Wert haben. Falsch jedoch ist es, diese Lektionen als Elemente einer eigenen Reitlehre zu sehen, die als „spanisch" oder „iberisch" bezeichnet wird.

Nimmt man nun das Inhaltsverzeichnis des vorliegenden Buches und konzentriert sich auf die Reihenfolge der Übungslektionen, so wird so mancher Leser befremdet seinen Kopf schütteln. Lesen sich doch die Überschriften der Übungen wie das Einmaleins der „normalen, klassischen Dressur": Biegungen, Seitengänge, Wendungen, Tempounterschiede und anderes mehr.

Um zu verstehen, wie diese Übungen entstanden sind, muß man sich zuallererst mit der Geschichte der Doma Vaquera ein wenig auseinandersetzen. Nur der Blick auf das ursprüngliche Wesen dieses Reitstils, seine Ausbildungselemente und deren Veränderung im Laufe der Zeit kann diese Frage beantworten.

Die Traditionen der heutigen Doma Vaquera wurzeln im Spanien des ausgehenden 17. Jahrhunderts. Die zahlreichen Rinderherden Südspaniens, die ganzjährig frei in den Hügeln und Ebe-

Vorwort: Doma Vaquera zwischen gestern und heute

Vaqueros durchqueren mit ihrer Herde einen der zahlreichen Wasserläufe in den Marismas Südandalusiens.

nen Andalusiens weideten, wurden betreut und gelenkt durch berittene Hirten. Der Reitstil dieser Hirten und ihre Ausrüstung war karg und schmucklos. Er entwickelte sich anhand der Gegebenheiten ihrer Arbeitswelt und hatte keinen Platz und keine Zeit für überflüssigen Firlefanz.

Die Wurzeln der Doma Vaquera sind sicherlich in der sogenannten Jineta zu suchen, der Reitweise der berittenen Kriegertruppen, die schon vor etwa 2000 Jahren auf der iberischen Halbinsel kämpften.

Viele Elemente dieser antiken Kampfreiterei wie schnelle Spurts, plötzliche Stops und rasante Wendungen waren auch für die Arbeit mit den Rinderherden äußerst nützlich und wurden für diese übernommen und weiterverwendet.

Die Ausbildung eines Vaqueropferdes erstreckte sich über Jahre, wobei unter Ausbildung kein Trainingsprogramm im heutigen Sinn verstanden werden darf. Das junge Pferd hatte Zeit, an der Aufgabe selbst zu wachsen, „learning by doing", wie man im Englischen sagt.

Vorwort: Doma Vaquera zwischen gestern und heute

Bei Tagesanbruch sattelte der Vaquero sein Pferd und verbrachte viele Stunden damit, daß er seiner Herde folgte, die Tiere beobachtete, das eine oder andere versprengte Rind zur Herde zurückleitete, ihnen bei der Überquerung eines Wasserlaufes half und vieles mehr. Das Pferd wurde schrittweise an die Arbeiten mit den Rindern herangeführt, indem es sie ausführte und durch die Anwesenheit anderer, weiter ausgebildeter „Pferdekollegen" Vertrauen und Sicherheit gewann.

Auf diese Weise wuchsen Pferd und Reiter in einem heute kaum mehr nachvollziehbaren Maße zusammen.

Diese Tradition der Weidereiterei ist auch in Spanien in unseren Tagen stark rückläufig. Schnelle Allradautos erleichtern die Arbeit, und die Zahl der großen Rinderherden hat sich drastisch reduziert.

Das Doma Vaquera Pferd unserer Tage wird im Picadero, der Reitbahn, angeritten und nach genau festgelegten Regeln ausgebildet. Viele dieser exzellent ausgebildeten Vaqueropferde sehen jedoch in ihrem Leben keine einzige Kuh: sie demonstrieren ihr Können „rein theoretisch" im Rahmen eines der vielen, nationalen Doma Vaquera Turniere, die in Spanien veranstaltet werden.

In diesen Turnieren werden die ursprünglichen Aufgaben der Vaqueros und ihrer Pferde in traditioneller Ausrüstung und in zum Teil stark stilisierter Form wettbewerbsmäßig vorgestellt (vergleichbar vielleicht den Turnieren der Westernreiter). Diese Entwicklung kann und muß, auch wenn den Traditionalisten dabei das Herz bluten mag, durchaus positiv gesehen werden. Der Wettbewerb erhält eine Reitweise und die gesamte mit ihr verbundene Tradition am Leben, die anderenfalls langsam verschwinden würde.

Wenige Pferdebesitzer unserer Tage (auch nicht in Spanien!) verfügen über Zeit, Ausdauer oder Interesse, ein Pferd in der alten Weise auszubilden. Unsere schnellebige Zeit voller Zwänge und Pflichten verlangt auch in diesen Bereichen nach klaren Richtlinien und nachvollziehbaren Programmen.

Das in diesem Buch vorgelegte Ausbildungsprogramm für ein Doma Vaquerapferd trägt dieser Entwicklung Rechnung.

Es wurde von anerkannten und erfolgreichen Doma Vaquera Reitern Spaniens entwickelt (siehe Bibliografie) und wird in der hier vorgestellten Form tagtäglich in zahllosen Picaderos Spaniens angewendet.

Es zielt darauf ab, dem interessierten Reiter, der nicht über die Kenntnisse der ursprünglichen spanischen Vaqueros verfügt und meist auch nicht mehr deren „horse sense" besitzt, einen nachvollziehbaren Ausbildungsleitfaden in die Hand zu geben.

Tatsache ist, daß jedes gerittene Pferd, gleich nach welchem Stil es ausgebildet wird (Klassisch, Western, Vaquero oder andere) ein gewisses Maß an Versammlung erreichen muß, um die von ihm geforderten Aufgaben bewältigen zu können.

Die einzelnen Schritte auf dem Weg zu diesem Ziel gleichen sich in den unterschiedlichen Reitweisen verblüffend. Die Unterschiede liegen im Detail - aber darauf soll später noch ausführlich eingegangen werden.

In seiner Beschäftigung mit der Doma Vaquera wird so mancher Reiter dem spanischen Gedankengut und der spanischen Lebenseinstellung, die durch diese Reitweise ihren Ausdruck findet, vielleicht einen Schritt näher kommen. Doma Vaquera ist nicht nur eine Art zu reiten, sie ist auch ein gutes Stück Philosophie!

Nur zu Pferd war es möglich, die umfangreichen Herden im Auge zu behalten und zu kontrollieren. Ein Vaquero in seiner Alltagskleidung bei der täglichen Arbeit.

Die Entwicklung der Doma Vaquera

Historischer Rückblick

Im Mittelalter gab es in Spanien zwei Reitstile, die auf unterschiedlichen Techniken basierten und auf verschiedene Traditionen zurückzuführen waren. Einer davon war die sogenannte *Jineta* Reitweise, die andere die sogenannte *Brida*.

Das Wort *Gineta* ist mit dem griechischen *„zenete"* verwandt, was *„leicht bewaffneter Kavallerist"* bedeutet, ein deutlicher Hinweis auf den ursprünglichen Einsatz dieser rasanten Kampfreit-

Die Entwicklung der Doma Vaquera

weise. Ihre Merkmale waren kürzere Steigbügel, ein leicht angewinkeltes Bein und eine charakteristische Ausrüstung und Reitweise, die im folgenden noch genauer beschrieben werden soll. *„Montar a la brida"* bedeutet nichts anderes als *„Reiten mit langen Steigbügeln"* und bezog sich in dieser Zeit auf den Reitstil der schweren, gepanzerten Ritter in der Schlacht.

Auch diese Art des Reitens war durch eine sehr spezifische Ausrüstung gekennzeichnet, die in erster Linie auf das Gewicht zurückzuführen war, das die Pferde dieser Epoche zu tragen hatten.

Es gibt Autoren, die diese beiden Reitweisen als Ursprung der heute für Spanien repräsentativen Stile sehen: die Jineta als Ursprung der Doma Vaquera und die Brida als Ursprung der Doma Clasica.

Der Fehler, den diese Autoren machen, liegt meiner Ansicht nach darin, daß sie die geschichtlichen Zusammenhänge verkennen.

Die Jineta wird bereits von den frühen griechischen Reisenden und Schriftgelehrten gepriesen: schon Homer rühmte nach seinem Aufenthalt auf der iberischen Halbinsel die „Zentauren" und ihre überragende Kampftaktik.

Es werden wohl die spanischen Reitervölker sein, die auf diese Weise Eingang in die griechische Mythologie fanden. Belegt ist, daß die Griechen nach ihrer Besetzung der iberischen Halbinsel um 700 v. Chr. die dort praktizierte Technik des Angriffs und Abzugs übernahmen und iberische Streitrosse nach Griechenland und Makedonien verbreiteten.

Die klassische Reitkunst, deren Wiege den Lehren Xenophons zufolge unzweifelhaft in Griechenland steht, basiert also sowohl auf den iberischen Pferden als auch auf der iberischen Reiterei der Antike!

Als in der Renaissance die Kavalleristen durch die Erfindung der Schußwaffen wieder zu der Taktik des Einzelkampfes auf dem Rücken eines wendigen Streitrosses zurückkamen, besann man sich sehr schnell der Kampftaktik der klassischen Antike. Überall in Europa entstanden Reitakademien, in denen die Reiterei auch wieder den Rang einer Kunst erhielt.

Es wäre also höchst verwegen, anzunehmen, daß die klassische Reiterei der Barockzeit auf der mittelalterlichen Brida basiert, wo ihre Wurzeln sich doch bis ins klassische Spanien der Antike zurückverfolgen lassen. Das Reiten *„a la brida"* stellt die Reaktion auf ein Zeitphänomen dar, wobei die schweren Schlachtrosse und die fast unmenschlichen Rüstungen der Ritter (ein Kavalleriesoldat in Rüstung wog etwa 160 kg!) sowohl die Ausformung der Sättel, Steigbügel, Sporen und Zäumung als auch die steife, unbewegliche Art des Reitens an sich erklärt.

Der Ursprung: Die Jineta, Reitkunst der Krieger

Was war nun das Spezifische dieser in der Geschichte vielgerühmten und bis in unsere Zeit immer wieder diskutierten Jineta?

Wie bereits erwähnt handelte es sich bei dieser Reitart um eine antiken Kriegsreitweise. Die Reitertruppen kämpften in offener Kampfweise, das heißt in weit verstreuten Gruppen, die sich schnell und äußerst wendig bewegten. Dadurch waren sie für den Gegner schwer zu treffen, ja es war fast unmöglich, ihre genaue Zahl zu schätzen, da derselbe Reiter innerhalb kürzester Zeit an verschiedenen Orten auftauchte.

Die Basis für diesen Reitstil stellten eher kleine, agile Pferde dar, die reaktionsschnell, konzentriert und äußerst gehorsam waren sowie über trockene Beine mit harten Hufen verfügten. Hohe Versammlungsfähigkeit und ein bequemer, breiter Rücken dieser Pferde waren Voraussetzung für die rasanten Manöver ihrer Reiter: das erste historisch belegte Einsatzgebiet des bodenständigen Spanischen Pferdes. Dementsprechend taucht in der Literatur bis in unsere Zeit immer wieder die legendäre „Spanische Genette" (das gutausgebildete Reitpferd) auf, ein Begriff, der zurückgeht auf die Kampfpferde der Antike. Die Ausrüstung des Pferdes bestand aus einem breit aufliegenden Sattel mit hohen Wülsten am Hinter- und am Vorderzwiesel, wobei die Wülste beiderseits weit herabgezogen waren, um einen sicheren Sitz zu gewährleisten. Die Steigbügel waren sehr breit, so daß der ganze Fuß in ihnen Halt fand. Die scharfen Kanten der Bügel unterstützten die Wirkung der Sporen. Gezäumt waren die Pferde auf Kandare, wobei die Kandaren stark gekrümmt und eher dünn waren. Die Steigbügelriemen waren so lang geschnallt, daß das Knie leicht gebeugt war, der Oberkörper wurde gerade gehalten, der Sitz war vollkommen ausbalanciert. Der Reiter war nur mit einem leichten Schild und einer kurzen, zweispitzigen Lanze ausgestattet. Wie schon erwähnt, fand die Jineta bereits etwa 700 Jahre vor unserer Zeitrechnung Eingang in das Kulturgut der Griechen.

Als dann, etwa 500 Jahre später, römische Legionen im Zweiten Punischen Krieg mit der Reitkunst der iberischen Reitertruppen konfrontiert wurden, begannen sie, aufs höchste beeindruckt durch die Beweglichkeit und Geschicklichkeit der Spanischen Pferde, ihre Strategien zu überdenken. Im Laufe der folgenden zweihundert Jahre übernahmen sie nicht nur die Kampftaktiken der Spanier, sondern auch deren Bewaffnung und Pferde. Das Spanische Pferd genoß als Streitroß der Römer so hohes Ansehen, daß sein charakteristisches Profil (die Ramsnase) im Englischen bis in unsere Tage als „Römerna-

Die Entwicklung der Doma Vaquera

se" bekannt ist. Der Jineta-Stil blieb auch in der Zeit der Besetzung Spaniens durch die Mauren (711-1492 n.Chr.) fast unverändert erhalten. Die Tatsache, daß dieser Reitstil schon viele Jahrhunderte vor der Eroberung Spaniens durch die arabischen Heere bestand, widerspricht der Legende von den arabischen Reitern, die den Iberern angeblich ihre atemberaubende Reiterei beibrachten.

In dieser Zeit kann man ein interessantes Phänomen beobachten, das sich in der Geschichte immer wieder ereignete: die Tatsache, daß die Jineta nicht trotz, sondern geradezu wegen der maurischen Invasion bestehen blieb. Die über sieben Jahrhunderte hinweg andauernden Bestrebungen der Spanier, sich von der Maurenherrschaft zu befreien, führten dazu, daß die christlichen Ritter (wie der legendäre El Cid) die reiterliche Tradition ihrer Vorväter weiterführten, weil sie wie keine andere in das zerklüftete und schwierige Gelände Spaniens paßte.

Darüberhinaus waren die Mauren von der spanischen Reitweise und dem iberischen Pferdetyp derart beeindruckt, daß sie zahlreiche Gestüte in Südspanien gründeten und den Großteil ihrer Armee mit dem bodenständigen Pferd beritten machten. Die unter der Herrschaft der „christlichen Könige" nun folgende Friedenszeit auf dem Kontinent bewirkte, daß die Verwendung der Jineta sich in Spanien auf andere Gebiete verlagerte. Die Eroberung der Neuen Welt freilich

Seit jeher lebten Pferde und Rinder im Mündungsdelta des Guadalquivir Seite an Seite. Die Menschen lernten bald, das Pferd für ihre Zwecke, nämlich die Aufgabe des Rinderhütens einzusetzen.

eröffnete den spanischen Reitern und ihrer Reitkunst ein völlig neues Gebiet. Davon soll später noch die Rede sein.

Der Alltag: Die Arbeit im Feld

Der tatsächliche Zeitpunkt, ab dem die Doma Vaquera als Arbeitsreiterei auf der Iberischen Halbinsel zum Einsatz kam, wird von keinem der historischen oder zeitgenössischen Autoren festgelegt. Um uns der Entstehung dieser ursprünglichen Reitweise anzunähern, müssen wir bedenken, daß seit jeher Rinder und Pferde in den Marismas (Sümpfen) des südlichen Andalusiens friedlich koexistierten. Das weitverzweigte Mündungsdelta des Guadalquivir mit seinen saftigen Weiden bot die ideale Umgebung für die Aufzucht sowohl von

Die Entwicklung der Doma Vaquera

Eine wichtige Station im jahreszeitlichen Ablauf der Weidearbeit ist das Destete, das Absetzen der Kälber von den Muttertieren.

Die Kälber werden mittels einer Schlinge von ihren Müttern getrennt und in eine Jungrindherde gebracht.

weniger die Gewinnung von Milch und deren Produkten als die Tatsache, daß Rinder Fleisch, Fett und Leder bedeuteten. Fleisch wurde für die Ernährung des Spätsteinzeitmenschen benötigt, Fett gab die Basis für Licht und Wärme, und das Leder wurde zu Kleidung und Zeltplanen verarbeitet. Zu Fuß war das Verfolgen und Überwachen der Rinderherden in den riesigen Weideländern ein Ding der Unmöglichkeit. Was also lag näher, als sich der Hilfe jenes Tieres zu bedienen, das in der Wildnis so friedlich mit den Rindern zusammenlebte? Das Pferd stellte sich als idealer Arbeitspartner des Menschen heraus, die Art und Weise, auf die das Pferd zu zähmen und zu reiten war, ergab sich aus den Anforderungen, die von den Rinderherden an die Hirten gestellt wurden.

Rindern als auch von Pferden. Die enge Beziehung, in die die Doma Vaquera stets mit dem Rejoneo gesetzt wird, ist sicherlich berechtigt, doch ist der ursächliche Zusammenhang ein anderer als dies üblicherweise dargestellt wird.

Der simple Grund, warum Menschen seit dem beginnenden Neolithikum (Jungsteinzeit) Rinder hielten, war

Es scheint gewagt zu sein und entbehrt bis dato des historischen Belegs, doch ist es so verwegen, anzunehmen, daß die Doma Vaquera, die Hirtenreiterei in ihrer ursprünglichen Form, sogar die Grundlage der Jineta bildete? Erstes Ziel des Menschen, im südlichen Spanien wie auch überall sonst in der Welt war das Überleben. Die Rinder sicherten den Menschen dieses Überleben während eines langen Zeitraumes. Die Kriege kamen später. Die im Weidealltag erworbenen Kenntnisse der Reiterei brachten den Iberern in der Antike einen entscheidenden Vorteil in dieser neuen Periode der Reitkunst. Der berittene

Die Entwicklung der Doma Vaquera

Stierkampf entstand wiederum später, in jenen Zeiten, in denen die Römer die iberische Halbinsel besetzt hielten. Er stellt die Kunstform der Reitkünste Iberiens dar und zeigt Elemente sowohl aus Jineta als auch aus Doma Vaquera.

Zur dominierenden Reitweise Spaniens entwickelte sich die Doma Vaquera in jener Zeit ab 1700, als Philippe d´Anjou den spanischen Thron bestieg und den Stierkampf zu Pferd verbot. Damit blieb den Spaniern aller Klassen und Stände nur mehr die Arbeitsreiterei, die daraufhin bis ins Detail ausgefeilt und gepflegt wurde.

Zum Brennen werden die oft weitverstreuten Herden zusammengetrieben und jedes einzelne Tier wird genau untersucht.

Die alltägliche Arbeit mit den wildlebenden Rinderherden hatte damals wie heute ihre eigenen Gesetzmäßigkeiten. Sie war und ist in erster Linie ein langsames Dahinziehen und Beobachten. Standortwechsel der zum Teil sehr zahlreichen Herden wurden mit Hilfe abgerichteter Ochsen vorgenommen, die in einer speziellen Ordnung mit Glocken um ihre mächtigen Nacken der nachfolgenden Herde die Richtung wiesen und das Tempo vorgaben. Der Vaquero und seine Helfer kontrollierten in der Regel nur diese Ochsentruppen (*paradas*), die aus 24 Tieren bestanden. Die *Garrocha*, eine etwa drei Meter lange Holzstange mit Eisenspitze, diente in dieser Phase lediglich als Verlängerung der Reiterhand, um die Tiere auf den richtigen Weg zu lenken. Jedes Vaqueropferd mußte und muß Schrittwendungen um Hinterhand und Vorhand beherrschen, damit der Vaquero vom Sattel aus Tore öffnen und schließen kann. Extreme Seitengänge des Pferdes in beide Richtungen sind zum Durchreiten enger Zaun-

Das Anbringen des Zuchtbrandes an einem Jungrind.

Die Entwicklung der Doma Vaquera

In der Tienta wird das zweijährige Rind auf seine Charakterfestigkeit getestet. Der Picador sitzt auf einem „gepolsterten" Pferd, bereit für die Prüfung. Die beiden Garrochisten reizen das Rind und leiten es zum Picador. Der Züchter (ebenfalls zu Pferd) steht etwas abseits und protokolliert die Szene.

Die Zange wird vom Vaquero im Feld stets mitgeführt. Mit ihr werden Zäune repariert oder Kälber, die sich in den Drähten der Abzäunungen verfangen haben, befreit.

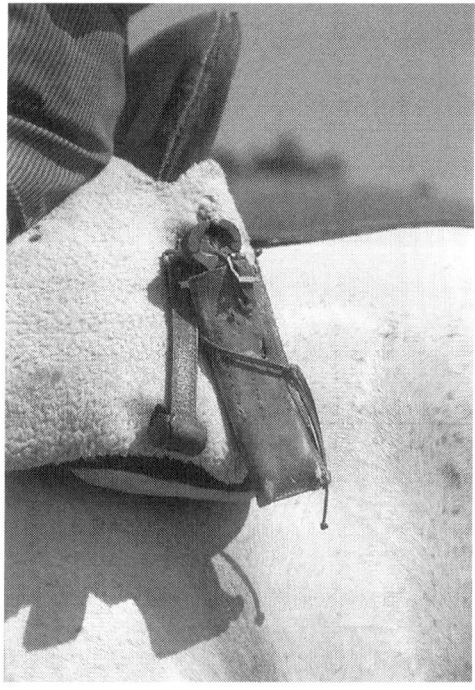

gassen im Schritt ebenso notwendig, wie um im Galopp einem ausbrechenden Rind aus dem Weg zu gehen. Plötzliche Sprints und Stops sowie „herumgerissene", auf der Hinterhand ausgeführte Wendungen, aus denen mit hoher Beschleunigung wieder angaloppiert wird, erleichtern das Abtrennen der Rinder von der Herde. Wichtige Station im jahreszeitlichen Ablauf der Weidearbeit ist das *Destete*, das Absetzen der Kälber von den Muttertieren, das auch in Spanien mittels einer Schlinge, die an einer langen Stange befestigt ist, vorgenommen wird. Diese Schlinge wird dem Kalb im schnellen Galopp über den Kopf gezogen und das Kalb daraufhin von der Mütterherde weg in eine eigene Kälber- und Jungrinderherde gebracht.

Zum Zweck des Brennens der Jungrinder werden die oft weitverstreut weidenden Herden zu einem *Rodeo* zusammengetrieben, was nichts mit der Pferdesportveranstaltung des amerikanischen Nordens zu tun hat. Mit *Rodeo* wird in Spanien eine zusammengetriebene Herde von Rindern bezeichnet und auch die Umzäunung, die eine solche Herde aufnimmt, heißt *Rodeo*.

Das *Acoso* und *Derribo* ist eine Spezialität der spanischen Weidearbeit, die durch die extensive Kampfstierzucht entstand. Um gute Kampfstiere zu züchten, ist sorgfältige Selektion der Elterntiere auf Mut, Angriffswillen und Durchhaltevermögen nötig. So wird

jedes potentielles Elterntier, bevor es zur Zucht eingesetzt wird, einer Reihe von Mutproben unterzogen, von denen eine das *Acoso* und *Derribo* (Verfolgen und Umwerfen) ist, auf das in einem späteren Kapitel noch genauer eingegangen werden soll. Ist das junge Rind ein Stier (*Eral* = zweijähriger Stier) wird er unmittelbar nach dem Acoso und Derribo einer weiteren Prüfung unterzogen, der *Tienta* (der Versuchung), bei der ein Picadero, der auf einem durch eine Matte geschützten Pferd sitzt, dem zudem die Augen verbunden sind, den Angriffswillen des Jungstiers testet. Der Züchter sitzt in unmittelbarer Nähe auf seinem Pferd und führt genau Buch über das Verhalten der Stiere. Zu diesem Zeitpunkt wird über ein weiteres Leben des Stieres auf der Weide, das mit seinem Tod als Fünfjähriger in der Arena endet, oder seinen Gang zur Schlachtbank entschieden. Besonders kampflustige Stiere werden für ein Leben als Zuchtbullen in Betracht gezogen und für die *Retienta*, die Wiederholung der Prüfung in der Probearena vorgemerkt. Besteht der Stier auch diese Herausforderung, bleibt er als Vererber auf der Finca, besteht er sie nicht, ist es fraglich, ob er in der Arena noch eingesetzt werden kann, da er mit steigender Kampferfahrung zusehends gefährlicher wird.

Die Kühe, denen man in Spanien in Bezug auf das Charakterbild ihrer Nachkommen mehr Bedeutung beimißt als den Stieren, werden als Zweijährige einem Kampf in der Probearena unterzogen, über die jeder große Züchter verfügt. Gekämpft wird zu Fuß oder zu Pferd. In diesen Probekämpfen haben sowohl zukünftige *Toreros* (Stierkämpfer zu Fuß) als auch *Rejoneadores* (berittene Stierkämpfer) und ihre Pferde Gelegenheit, ihre Technik zu erlernen und auszufeilen. Auch in diesem Fall entscheidet das kluge, unerschrockene und unnachgiebige Verhalten der Jungkühe über ihr weiteres Leben: die „Auserwählten" bleiben als Muttertiere künftiger Kampfstiere auf den Weiden der Haciendas, die anderen werden in Mastherden zur Fleischgewinnung ausgesondert.

Die Kunst : Der Rejoneo - Stierkampf zu Pferd

Der Rejoneo kann heute als letzter Austragungsort der Reitkünste der ursprünglichen, antiken Jineta gesehen werden. Hier ist ebenso wie im Kampf Mut, Gehorsam, höchste Wendigkeit und Schnelligkeit gefragt. Darüberhinaus muß ein gutes Stierkampfpferd über ein exzellentes Raum- und Zeitgefühl verfügen, da es in unmittelbarer Nähe der tödlichen Stierhörner schwierigste Manöver ausführen soll. Der Stierkampf zu Pferd zeigt Lektionen der Doma Vaquera in ihrer ausgefeiltesten Form, Lektionen, die in diesem Zusammen-

Die Entwicklung der Doma Vaquera

Der Garrochist in der Arena, in einer Auseinandersetzung mit einem 500 kg schweren Kampfstier: kein üblicher Bestandteil eines Stierkampfes, aber die Demonstration höchsten Könnens und absoluter Zusammenarbeit von Mensch und Pferd.

hang bereits als Kunstwerk zu sehen sind. Zu den Basisaufgaben der Weidedressur kommen Lektionen der Hohen Schule wie Piaffe und Passage hinzu, die den Stier zum Angriff reizen sollen, oder Levade und Pesade, die der Selbstdarstellung von Reiter und Pferd vor dem Kampf dienen.

Der Stierkult der iberischen Halbinsel läßt sich möglicherweise auf den indischen Gott Mitra zurückverfolgen, der als Mithras bei den Persern als Erlösergottheit verehrt und von den Römern dem Sonnengott gleichgesetzt wurde. Mithras wurde als Sieger über die Finsternis gefeiert und der Mithraskult durch die römischen Legionen weit verbreitet. Die Urtat des Mithras war die Tötung des Stieres, die in all seinen Heiligtümern als Kultbild dargestellt wurde. Der Stier galt seit jeher als Sinnbild der Finsternis und des Todes. In der iberischen Geschichte verschmolzen Kult, Tradition und bodenständige Reitkultur, und die ersten organisierten Kämpfe Reiter gegen Stier fanden etwa zwei Jahrhunderte vor unserer Zeitrechnung statt. Obwohl in den vergangenen 2.000 Jahren der Stierkampf durch Kirche oder Regierung wiederholt für geraume Zeit unterbunden wurde, erhielt er sich bis in unsere Tage und genießt in Spanien und Por-

Die Entwicklung der Doma Vaquera

tugal dieselbe Bedeutung wie eh und je. Die Römer waren begeisterte Protagonisten der spektakulären Schaukämpfe, in denen Lanzenreiter gegen die einheimischen wilden Stiere antraten, und verbreiteten diesen Brauch bis weit üer die spanischen Grenzen hinaus. Auch die Mauren unterstützten und förderten die berittenen Stierkämpfe und feierten bis ins 14. Jahrhundert im südlichen Spanien große Stierfeste.

„Der Stierkampf, ursprünglich eine Stierhetze, schloß verschiedene Formen der Auseinandersetzung mit dem Stier ein, die alle bis auf eine zu Pferd ausgetragen wurden (Der Kampf zu Fuß mit dem Tuch wurde erst Mitte des 18. Jahrhunderts in Spanien eingeführt)" sagt Silvia Loch in ihrem 1995 erschienen Buch „Reitkunst im Wandel". *„Es wurde ein feuriges Streitroß eingesetzt, auf dessen Mut, Wendigkeit und Gehorsam man sich im Angesicht der Gefahr verlassen konnte".*

Auch in Italien wurde dem Stierkampf im 16. Jahrhundert mit Inbrunst gehuldigt, bis dieser von Papst Paul IV 1558 endgültig verboten wurde. Anfang des 18. Jahrhunderts verbot der damalige spanische König Philippe d´Anjou als Felipe V auch in Spanien den Stierkampf zu Pferd. In den darauffolgenden 200 Jahren dominierte in den spanischen Arenen der Stierkampf zu Fuß, die *corida*. In Portugal dagegen wurde der berittene Stierkampf bis in unsere Tage

Die Pesade reizt den Stier zum Angriff und zeigt das Können von Reiter und Pferd. Lektionen dieser Art sind bereits als Kunstwerk zu sehen.

in ungebrochener Tradition fortgeführt. Die Reitkünste der portugiesischen Rejoneadores galten über lange Zeit hinweg als unerreicht.

Erst als der Rejonco 1923 auch in Spanien wieder eingeführt wurde, kehrte so mancher Rejoneador mit seinen Pferden aus dem portugiesischen Exil in sein Heimatland zurück. Naturgemäß dauerte es einige Zeit, bis der Stierkampf zu Pferd in Spanien an die Qualität anschließen konnte, die er in früheren Tagen gezeigt hatte. Legendärer Urvater der modernen spanischen Rejo-

Die Entwicklung der Doma Vaquera

Erst 1923 wurde der berittene Stierkampf in Spanien wieder eingeführt und genießt seither ungebrochene Beliebtheit.

neadores war Antonio Cañero, der in den frühen Zwanziger Jahren unseres Jahrhunderts dem Rejoneo in Spanien wieder zu Ruhm und Glanz verhalf.

Entscheidend beteiligt am Wiederaufschwung des Rejoneos in Spanien war die Familie Domecq, eine alteingesessene Wein- und Stierzuchtdynastie. Don Alvaro Domecq y Diez galt als der gefeiertste Stierkämpfer zu Pferd in den Vierziger Jahren und sein Sohn Alvaro Domecq Romero, der bereits mit 19 Jahren erste Erfolge in der Arena feierte, stand ihm in nichts nach. Als 31jähriger bestritt er innerhalb eines Jahres 111 Kämpfe und feierte die größten Triumphe seines Lebens. Heute setzen seine beiden Neffen Luis und Antonio Domecq Domecq den Weg ihrer Vorväter fort und tragen, mit anderen Rejoneadores, dazu bei, daß diese umstrittene Tradition bis in unser Tage beibehalten wird.

Die Doma Vaquera heute

Tradition und Fortschritt

Auch in unserer Zeit hat die Doma Vaquera ihren fixen Platz im südspanischen Alltagsleben, wenn auch reduziert durch zunehmende Technisierung. Die extensive Rinderzucht der früheren Jahrhunderte, die geprägt war von riesigen Herden, die über schier endlose Weiden zogen, wich in unserem Jahrhundert der intensiven Rinderzucht. Mehr Rinder auf zunehmend engerem Raum, verbesserte Futtermittel und medizinische Versorgung sowie der Einsatz des Allradautos lassen das traditionelle Einsatzgebiet des Vaquero zusehends schrumpfen. Auf Fincas, wo früher 20 Vaqueros beschäftigt waren, findet man heute mit vier bis fünf das Auslangen.

Trotz allem gibt es ihn noch, den Vaquero, und seine Arbeit ist die gleiche wie vor vielen Jahren. Bewußtmachen muß man sich jedoch, daß seine Existenz auf das Engste mit dem Stierkampf verbunden ist. Nur Kampfstierzüchter halten ihre Rinder in jener Freiheit, die den Einsatz des Vaquero rechtfertigt. Wenn man bedenkt, daß in

Die Entwicklung der Doma Vaquera

Die Existenz des Vaqueros ist untrennbar mit der Existenz des Stierkampfes verbunden.

Spaniens Arenas jährlich ca. 5000 Stiere im Kampf ihr Leben lassen, so wird klar, wie umfangreich die Herden sein müssen, die bei der von den Züchtern praktizierten, peniblen Zuchtwahl eine derartige Zahl an Kampfstieren produzieren können.

Auch Besitzer großer Gestüte beschäftigen in der Regel zwei bis drei Vaqueros, um die freilebenden Herden der Jungpferde zu kontrollieren. In diesem Rahmen beschränkt sich jedoch die Tätigkeit der Vaqueros auf das Überwachen und gegebenenfalls Weitertreiben der Pferdeherden und beinhaltet kaum die vielfältigen Aufgaben des Kuhhirten.

So kann mit Fug und Recht behauptet werden, daß mit dem Verschwinden des Stierkampfes die Gefahr besteht, daß auch das ursprüngliche Einsatzgebiet des Vaquero mehr oder weniger ausgelöscht wird.

Noch gibt es ihn, den Vaquero, und seine Arbeit ist die gleiche wie vor Hunderten von Jahren.

Die Entwicklung der Doma Vaquera

Eine Gruppe von Garrochistas hat sich zum traditionellen Acoso und Derribo versammelt.

Acoso: das Rind wird von zwei Reitern mit Garrocha verfolgt. Der Helfer hält es in seiner Bahn, der Verfolger versucht es umzuwerfen.

Acoso und Derribo: Praxis und Sport

Das *Acoso* und *Derribo* (Verfolgen und Umwerfen) der Rinder ist ein Teil des Auswahlverfahrens für zweijährige Rinder in Kampfstierzuchten. Damit kann es als Teil der ursprünglichen Doma Vaquera (Weidereiterei) verstanden werden.

Am Ende eines weitläufigen Feldes wird ein junges Rind, das zuvor von der Herde isoliert wurde, losgelassen. Es läuft in gestrecktem Galopp auf jene am anderen Ende des Feldes liegende Koppel zu, wo es normalerweise seinen Weidealltag verbringt.

Die Entwicklung der Doma Vaquera

Auf seinen Fersen folgen ihm zwei Reiter, die mit *Garrocha* ausgestattet sind, wobei die Garrocha stets in der rechten Hand geführt wird.

Ein Reiter dieser *collera* (Reiter-Gespann) ist der „Verfolger", der andere fungiert als sein „Helfer", wobei der „Helfer" mittels seiner Garrocha verhindern soll, daß das Rind von der Richtung abweicht oder abrupte Haken schlägt. Die Aufgabe des „Verfolgers" ist es, das gejagte Rind mit seiner Garrocha zu Fall zu bringen.

Um dies zu erreichen, bedarf es großer Erfahrung, eines absolut gehorsamen Pferdes und einer gehörigen Portion Glück. Die Eisenspitze der Garrocha wird am Schwanzansatz des Rindes angesetzt; mit einer kräftigen Bewegung während der Schwebephase des Galopps bringt der Garrochist das Rind derart aus dem Gleichgewicht, daß es stürzt. All dies spielt sich in Sekundenbruchteilen und mit hoher Geschwindigkeit ab und erfordert großes reiterliches Geschick.

Ist das Rind einmal zu Fall gebracht, locken es die Reiter unter lauten Zurufen wieder auf die Beine und leiten das attackierende Tier zum Picador, der den Rest der Prüfung vornimmt.

Verhält sich das Rind nach seinem Sturz unschlüssig und unsicher, attackiert es nicht oder nur schwach, dann ist es für die Zucht oder als Kampfstier nicht geeignet.

All dies spielt sich in Sekundenbruchteilen und mit hoher Geschwindigkeit ab.

Derribo: Die Eisenspitze der Garrocha wird am Schwanzansatz des Rindes angesetzt. Mit einer kräftigen Bewegung während der Schwebephase des Galopps bringt der Garrochist das Rind zu Fall.

In der Praxis des Weidealltags gilt das *Acoso* und *Derribo* als die Königsdisziplin. Sowohl der Vaquero als auch sein Pferd benötigen bereits einen fortgeschrittenen Ausbildungsstand, ein gutes

Die Entwicklung der Doma Vaquera

Auf der Finca von Jaime Guardiola: „...was bleibt, ist das Gefühl, ein Stück Tradition mitgelebt zu haben...".

Auge und blitzschnelle Reaktionen, um die geforderte Aufgabe zu erfüllen. Die spektakuläre Aktion des *Acoso* und *Deribo* und die gute Vergleichbarkeit der Leistungen der diversen *colleras* führte dazu, daß diese Disziplin als eigener Wettbewerb in den nationalen Turniersport aufgenommen wurde.

Obwohl das *Acoso* und *Derribo* in der Praxis fixer Bestandteil der Vaqueroarbeit ist, wird es im Bewerb von der Doma Vaquera getrennt und als eigener Bewerb geführt.

Während im Feld lediglich das Zufallbringen des Rindes in der Nähe des Picadors wichtig ist, wird im sportlichen Vergleich auch die Distanz bewertet, die ein Reiterduo benötigt, um das Rind zu Fall zu bringen, die Art und Weise, wie die Garrocha gehandhabt wird (in direkter Linie, oder vor dem Sattel gekreuzt) und ob das Rind lediglich zu Fall gebracht wird, oder darüberhinaus noch einen seitlichen Überschlag ausführt, was für eine besondere Technik des Garrochisten spricht!

Heutzutage gibt es nur wenige Reiter, die mit ein und demselben Pferd den „Concurso completo", den gesamten Bewerb, sprich *Acoso* und *Derribo* und Doma Vaquera bestreiten.

Das *Acoso* und *Derribo* ist jene Disziplin innerhalb der Weidereiterei, die nicht unbedingt nur den Vaqueros überlassen wird. Jeder der großen Grundherren und Stierzüchter hat sich in dieser Dsziplin schon selbst versucht und es zu mehr oder weniger spektakulärer Virtuosität gebracht.

Befreundete Züchterfamilien laden einander ein, um gemeinsam das Jagen und Zufallbringen der Rinder zu beobachten und zu feiern. Die Feldarbeit ist die Domäne des Mannes, so ist auch die aktive Teilnahme am *Acoso* und *Derribo* ausschließlich Männern vorbehalten.

Bereits zwölfjährige Knaben handhaben die Garrocha mit einer Fertigkeit, die einen schwindlig macht. Frauen werden zu diesem Ereignis nur als Beobachter zugelassen.

Ich selbst hatte das Vergnügen, von D. Jaime Guardiola zu einem *Acoso* und *Derribo* auf seine Finca geladen zu sein, wo ich wie alle Damen als Zuschauerin zu Pferd an dem Ereignis teilnahm.

Die Entwicklung der Doma Vaquera

Ganz präsent ist mir noch die ungeheure Intensität, mit der von 16.00 Uhr nachmittags bis Sonnenuntergang das ursprüngliche Spiel zwischen Rind und Reiter stattfand: ruhig und gelassen und dennoch atemberaubend.

Was von derartigen Momenten bleibt, ist das Gefühl der absoluten Verbundenheit von Tier und Mensch mit der Natur, das Wissen, ein Stück uralte Tradition mitgelebt zu haben, und ein gehöriges Maß an Verständnis für die Faszination, die diese Art zu reiten und zu leben ausübt.

Der Rejoneo: heidnisches Ritual oder Reitkunst in Vollendung?

Wie wir im vorhergehenden Kapitel sehen konnten, liegen die Wurzeln des Rejoneos in der Antike oder sogar davor. Die Aufgaben und „Kunststücke" die der Rejoneador mit seinem Pferd in der Arena vollführt, wurden wohl im Laufe der Jahrhunderte weiterentwickelt und verfeinert, trotzdem ist ihr Inhalt der gleiche wie vor 2000 Jahren: die Kraftprobe zwischen dem berittenen Menschen und der wilden Kreatur, die mit dem Tod des Stieres endet.

Der Reiter und sein Pferd demonstrieren in perfekter Synchronisation ihre Überlegenheit gegenüber der Kreatur.

Um diese Feinheit in der Übereinstimmung von Reiterhilfen und Pferdever-

Das angehende Stierkampfpferd muß sämtliche Lektionen der hohen Schule beherrschen. Hier ein Paso Español, der spanische Schritt.

halten zu erreichen, bedarf es einer gediegenen, langjährigen Ausbildung des Pferdes, an deren Anfang sämtliche Lektionen der Doma Vaquera stehen.

Darüberhinaus müssen die Pferde Aufgaben wie Piaffe, Passage, Pirouette, Traversalen im Trab und Galopp, fliegende Galoppwechsel und Schaueffekte wie Spanischen Schritt und Pesade

Die Entwicklung der Doma Vaquera

In der Konfrontation mit der Stierattrappe lernt das Stierkampfpferd auf sämtliche Aktionen und Reaktionen des angreifenden Stiers zu reagieren, ohne in Panik zu geraten.

zuverlässig ausführen und auf feinste Gewichtshilfen ihrer Reiter spontan und ohne Zögern antworten.

Beherrscht das angehende Stierkampfpferd die erforderlichen Aufgaben, macht es Bekanntschaft mit der Stierattrappe, einer einrädrigen Hörner-Schubkarre, mit der sämtliche Aktionen und Reaktionen des angreifenden Stieres simuliert werden. Hierbei lernt das Pferd, den Hornstößen geschickt auszuweichen, ohne in Panik zu geraten.

Der nächste Ausbildungsschritt ist das Training mit dem *cabestro*, dem dressierten Ochsen, der auf Zuruf angreift und das gesamte Angriffsverhalten des Stieres nachahmt.

An dieser Hürde scheiden bereits viele Pferde aus, da sie durch die direkte Konfrontation mit dem Rind aus der Fassung gebracht werden.

Als weitere Steigerungsstufe steht dann die Auseinandersetzung mit den zweijährigen Kühen auf dem Programm. Die wildlebenden *Vacas bravas* greifen Pferd und Reiter wirklich an, können jedoch durch ihre kurzen, durch dicke Lederhülsen entschärften Hörner noch keine ernsthaften Verletzungen zufügen.

Hat das Pferd all diese Prüfungen bestanden, ohne Panik zu zeigen, so wird es langsam an den Trubel in der Arena gewöhnt. Erst dann ist es reif für seinen ersten Kampf.

Für einen Kampf benötigt der Rejoneador vier ausgebildete Pferde, die entsprechend ihrem Ausbildungsstand und ihrer Veranlagung in den verschiedenen Phasen des Kampfes eingesetzt werden.

1. Der *Paseo*, der Einmarsch der Reiter, der ein farbenprächtiges Spektakel ist, bei dem sich Pferd und Reiter in den verschiedensten Lektionen präsentieren,

Die Entwicklung der Doma Vaquera

wird mit dem jüngsten und unerfahrendsten Pferd bestritten. Hier hat der Neuling Gelegenheit, sich an die Arenaluft zu gewöhnen, bevor er zum Kampf herangezogen wird.

2. Das erste Drittel des effektiven Kampfes hat den Zweck, die überschießende Kraft des Stieres verpuffen zu lassen und dem Rejoneador Aufschluß über das Kampfverhalten des jeweiligen Stieres zu geben. Hier reitet er sein schnellstes Pferd, das mit rasanten Wendungen und Haken den Stier ermüdet.

3. Der zweite Teil des Kampfes ist der brillanteste, bei dem Pferd und Reiter ihr gesamtes Können entfalten müssen. Hierbei setzt der Rejoneador aus verschiedenen Positionen *banderillas* (Stäbe) in den Nacken des Stieres, ein Unternehmen, das das Pferd in ständige, unmittelbare Nähe der tödlichen Stierhörner bringt.

Für diesen etwa sechs Minuten langen Abschnitt wählt der Rejoneador sein bestgerittenes, wendigstes und mutigstes Pferd, das die heiklen Manöver perfekt beherrscht.

4. Im letzten Drittel des Kampfes reitet der Rejoneador ein Pferd, das äußerst ruhig, gelassen und präzise reagiert, damit der Todesstoß mit der gefährlichen Schneide genau sein Ziel, eine etwa münzgroße Stelle zwischen Schulterblatt und Wirbelsäule des Stieres, trifft.

Aufs äußerste gespannt erwartet das piaffierende Pferd den Angriff des Stieres.

In der Probearena von Don Alvaro Domecq Romero trainieren Reiter und Pferd ihre Fähigkeiten an zweijährigen Wildrindern.

Die Entwicklung der Doma Vaquera

Der zweite Teil des Kampfes ist der brillanteste. Hierbei setzt der Rejoneador aus verschiedenen Positionen banderillas in den Nacken des Stieres und bedarf eines außergewöhnlich mutigen Pferdes.

Die meisten Mitteleuropäer erschaudern empört ob der angeblich unmenschlichen, tierquälerischen Grausamkeit dieses ursprünglichen Tötungsrituals.

Es soll hier dahingestellt bleiben, ob ein Mensch unseres intellektuellen Niveaus sich tatsächlich an einem derartigen Spektakel ergötzen kann.

Unzweifelhaft jedoch ist die Tatsache, daß solange unser Nutz- und Schlachtvieh unter unwürdigsten Bedingungen gehalten, transportiert und letztendlich unter Ausschluß der Öffentlichkeit getötet wird, wir in unserer Verurteilung des Spanischen Stierkampfes als Tierquälerei etwas vorsichtig sein sollten. Immerhin leben diese Tiere vier bis fünf Jahre unter absolut artgerechten Bedingungen und finden den Tod in einem Agressionsrausch, der ihrem natürlichen Verhalten entspricht, während unsere Rinder oft zeit ihres Lebens nicht einmal das Tageslicht erblicken und mit degenerierten Gliedmaßen und in Todesangst auf den Wagen ihrer ersten und letzten Fahrt geprügelt werden.

Die Entwicklung der Doma Vaquera

Trotz all der widersprüchlichen Gedanken und Gefühle, die den Zuschauer beim Betrachten eines Rejoneos beschleichen, kann sich doch kaum jemand der ungeheuren Faszination entziehen, die die Intensität, Eleganz und ursprünglichen Kraft dieses „Todesballetts" zwischen Stier und Pferd auf den Zuseher ausüben.

Der Wettbewerb: Doma Vaquera als Turnierdisziplin

Das frühere Einsatzgebiet des berittenen Hirten im Feld ist zweifellos im Abnehmen begriffen. Damit gerieten in den vergangenen 80 Jahren viele der traditionellen Elemente der Doma Vaquera auch in Spanien zusehends in Vergessenheit. Die Arbeitsreitweise der Hirten wurde in steigendem Maße folklorisiert, abgewandelt und mit Elementen aus anderen Reitweisen vermischt.

Es ist dem Einsatz zweier Männer zu verdanken, zweier exzellenter Reiter und Traditionalisten, daß in den frühen Siebziger Jahren dieser Entwicklung ein Riegel vorgeschoben werden konnte. Luis Ramos Paúl und Rafael Jurado können zu Recht als Pioniere der modernen Doma Vaquera bezeichnet werden.

Durch ihre unermüdlichen Bemühungen fanden 1971/72 die ersten Doma Vaquera Wettbewerbe in Andalusien

Rafael Jurado, einer der Pioniere der modernen Doma Vaquera, bei der ersten offiziellen Doma Vaquera Meisterschaft 1972.

*Doma Vaquera als Turnierdisziplin:
Sowohl Reiter als auch Pferd durchlaufen ihre Ausbildung ausschließlich in der Reitbahn und haben zeit ihres Lebens keinen wilden Stier gesehen.*

Die Entwicklung der Doma Vaquera

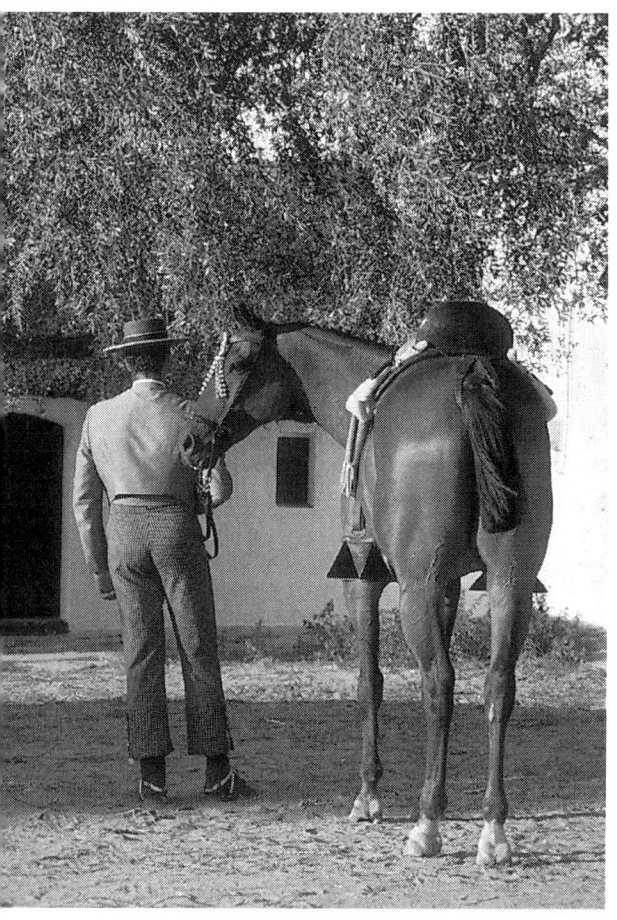

Die Doma Vaquera Turnierordnung legt höchsten Wert auf die traditionelle Ausrüstung von Reiter und Pferd.

statt. Wiewohl es zu diesem Zeitpunkt noch kein offizielles Reglement dieser Turniere gab und die Veranstaltungen noch nicht von der nationalen reiterlichen Vereinigung anerkannt waren, fanden Doma Vaquera Bewerbe bald einen regen Zustrom sowohl an Teilnehmern als auch an Zuschauern.

1978 endlich wurde die Doma Vaquera auch offiziell als Turnierdiszi-plin anerkannt und mit einem allgemeingültigen Reglement versehen.

Die Aufgabenstellung der Doma Vaquera Turniere enthält alle Elemente der ursprünglichen Feldarbeit wie Schrittarbeit, Pirouetten auf der Vorderhand und Hinterhand, Traversalen, eine extreme Seitbewegung im Schritt (Ganzer Travers), starke Galoppbeschleunigung mit unvermitteltem Halt, darauffolgendem Rückwärtsrichten und erneutem starkem Galopp sowie dynamische, „herumgeworfene" sogenannte Vaquerawendungen im Schritt und Galopp.

Diese „Arbeitsdressur" wurde durch Lektionen der klassischen Dressur erweitert, um die Arbeit weniger trocken und die Bewerbe interessanter zu gestalten. Lektionen wie Zirkel, fliegende Galoppwechsel (einzeln oder in Serie) und Außengalopp sind das Attribut der modernen Doma Vaquera an die klassische Dressur und können nicht als ursprünglich gesehen werden.

Der entscheidende Unterschied zwischen der modernen Doma Vaquera und der traditionsreichen Weidereiterei ist der, daß sie fast ausschließlich von Reitern praktiziert wird, die in ihrem Leben niemals im Feld gearbeitet haben. Sowohl die Reiter als auch ihre Pferde durchlaufen ihre Ausbildung ausschließlich in der Reitbahn und hätten sehr wahrscheinlich bei einer Konfrontation mit wilden Rindern mit größten Problemen zu kämpfen. So ist - vergleichbar der Westernreiterei - die Doma Vaquera auf dem besten Weg, von der praxisbezogenen Arbeitsreiterei früherer Zeiten zu einer akademischen Reitweise der Zukunft zu werden.

Diese Entwicklung reißt zwar so manchen Puristen zu verständlicher Kritik hin, aber stellt dennoch als einzige Möglichkeit sicher, daß die Traditionen der spanischen Doma Vaquera auch der Nachwelt erhalten bleiben.

Der heutige Trend geht dahin, neben nationalen Doma Vaquera Bewerben auch internationale Vergleichsturniere der „Weidereiterei" zu veranstalten, wobei neben der spanischen auch die portugiesische Doma Vaquera, die französische Camarguereiterei und die italienische Maremma-Reiterei in Kompetition gesetzt werden.

Auf diversen Schauwettkämpfen wurden darüberhinaus bereits amerikanische Westernreiter und ihre südamerikanischen und mexikanischen Kollegen, die Gauchos und Charros, zum Vergleichskampf herausgefordert.

Die Entwicklung der nächsten Jahre wird zeigen, ob sich die spanische Doma Vaquera in der Pferdeszene des

Auf dem Turnierplatz: die Doma Vaquera ist auf dem besten Weg, zu einer akademischen Reitweise der Zukunft zu werden.

europäischen Kontinents einen ähnlichen Platz erobern kann wie dies der amerikanischen Westernreiterei innerhalb kürzester Zeit gelungen ist.

Das Doma Vaquera Pferd

Das Erscheinungsbild des idealen Doma Vaquera Pferdes

Es versteht sich von selbst, daß das Pferd für eine derart spezialisierte Tätigkeit wie die Arbeit mit wilden Rinderherden über eine ganze Reihe von körperlichen und mentalen Eigenheiten verfügen muß, die es erst zu dieser Arbeit befähigen.

Die äußere Form

Eines der wichtigsten Kriterien für ein gutes Doma Vaquera Pferd ist die Harmonie seines Körperbaues: das Pferd darf auf keinen Fall zu groß und zu lang sein. Ein Stockmaß von etwa 1,60 Metern wird heute als ideal gesehen. Der Schwerpunkt des Pferdekörpers sollte in der Nierengegend liegen, da der Großteil der Arbeitsleistung von der Hinterhand erbracht wird und diese gut unter das Gewicht des Pferdes zentrierbar sein sollte.

Eines der wichtigsten Charakteristika der Doma Vaquera ist die Arbeit in extremer Setzung des Pferdes, wobei die Vorderhand entlastet und fast bodenfern zum Einsatz kommt.

Es wird kein Wert gelegt auf Raumgriff und Aktion, sondern auf die Tatsache, daß das Pferd im versammelten Galopp auf „einem Quadratmeter" Raum immer noch taktrein springt und Wendungen auf der „Fläche eines Handtellers" ausführen kann.

Die Brust soll breit sein, der Brustkorb weit und gerundet. Ein breiter und kräftiger Rücken ist ebenso wichtig wie eine wohlgeformte, runde und kurze Kruppe, da diese ein problemloses Untersetzen der Hinterhand unter den Schwerpunkt ermöglichen.

Kurze, starke Hinterbeine mit kräftigen Sprunggelenken, die so nah wie möglich am Boden liegen sollen, sind eine absolute Voraussetzung für schnelle Sprints und flinke Wendungen.

Auch die geraden Vorderbeine sollen mit kräftigen Gelenken ausgestattet sein, wobei die Fesseln nicht zu kurz gebaut sein dürfen. Absolute Voraussetzung für die kräftezehrende Arbeit auf unebenem, steinigem Boden sind gesunde und belastbare Bänder, Sehnen und Hufe.

Der ideale Hals ist hoch angesetzt und nicht zu massig, wobei ein zu kurzer Hals eher toleriert wird als ein zu langer, da dieser den Schwerpunkt zu weit nach vorne verlagern würde.

Das Gesicht soll klein und fein sein, mit breiter Stirn, großen Augen, kleinen Ohrmuscheln und zartem Maul.

Das gesamte Pferd soll edel und elegant wirken und eine natürliche Selbst-

Die Entwicklung der Doma Vaquera

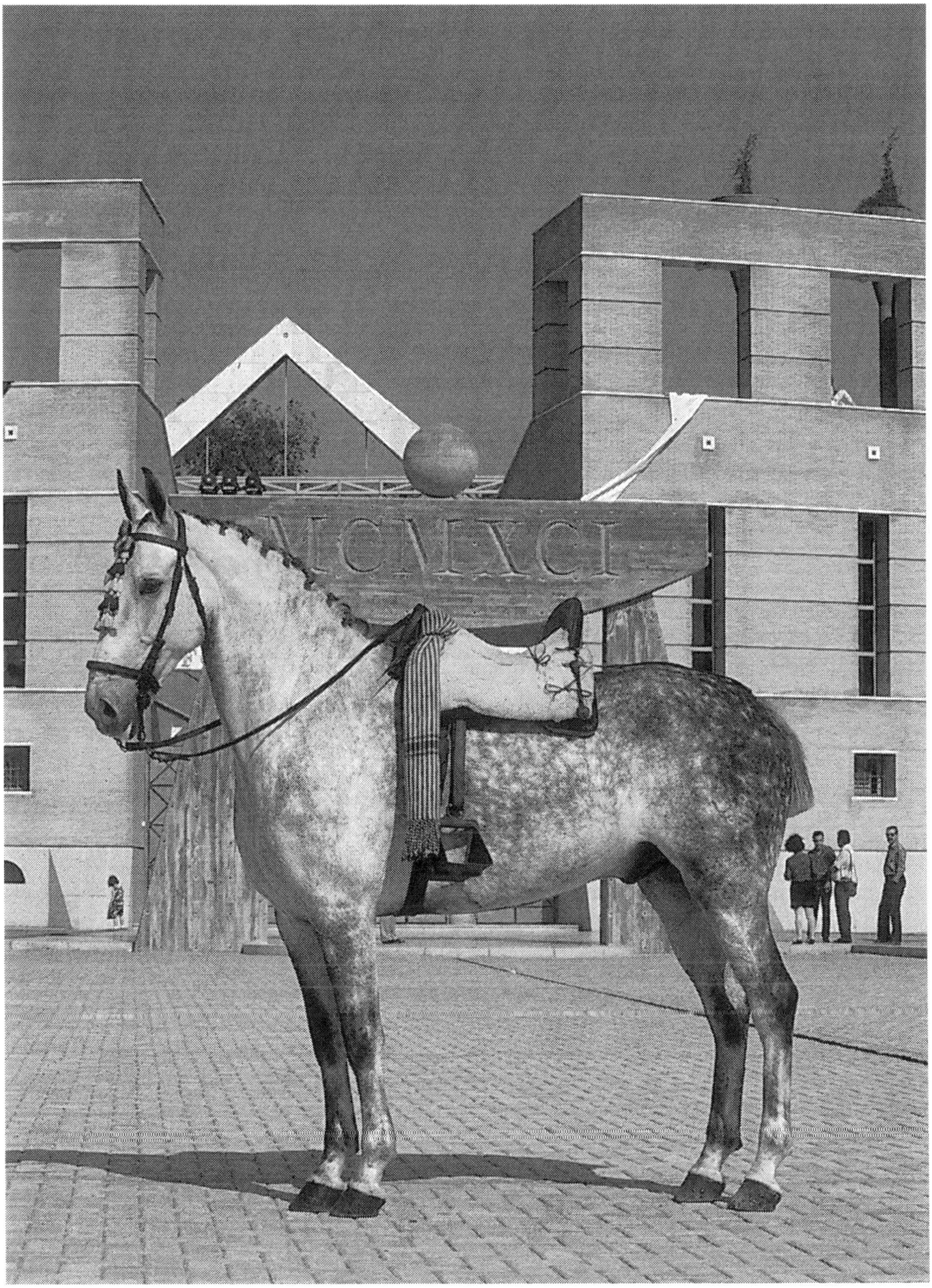

Das ideale Doma Vaquera Pferd.

Die Entwicklung der Doma Vaquera

Der Cruzado, das Pferd mit unterschiedlichem Einfluß von englischem, spanischem und arabischem Blut, erwies sich als geradezu ideal für den Einsatz in der Doma Vaquera

haltung zeigen. Bezüglich der Farbe eines Doma Vaquera Pferdes gibt es keinerlei Präferenzen.

Die inneren Werte
Auch das schönste Pferd ist für seinen Reiter wertlos, wenn sein Charakter es nicht für die schwierigen Anforderungen seiner Aufgabe prädestiniert.

Nur Pferde mit großem Herzen, ausgesprochenem Vorwärtsdrang und Nerven „wie Stahlseilen" werden die Herausforderung ihrer Arbeit annehmen und umsetzen können.

Schnelle Reaktionsfähigkeit und gute Reflexe befähigen ein Doma Vaquera Pferd zur Ausführung einer Übung, noch bevor der Reiter diese von ihm verlangt hat. Hier finden wir das, wovon der Freizeitreiter unserer Breiten träumt: das Steuern des Pferdes durch den bloßen Gedanken!

Trotz dieser hohen Sensibilität, die von einem Doma Vaquera Pferd erwartet wird, muß es vernünftig und willig sein. In keiner Situation soll es Nervosität oder gar Angst zeigen. Dies ist vielleicht der Hauptgrund, warum in der

Die Entwicklung der Doma Vaquera

Feldarbeit fast ausschließlich Wallache und Stuten zum Einsatz kommen. Hengste reagieren oft spontaner und behalten durch ihre natürlichen Instinkte einen gewissen Rest an unvorhersagbaren Reaktionen, die im Arbeitseinsatz tödlich sein können.

In der spanischen Literatur liest man immer wieder von der erwünschten *sumisión* des Arbeitspferdes. Fälschlicherweise wird dies häufig mit Unterwürfigkeit übersetzt, einem Begriff, der im Sinne von Unterwerfen einen sehr negativen Beigeschmack hat.

Der Spanier versteht die *sumisión* seines Pferdes dahingegen als Ergebenheit und Gehorsam, sprich als die absolute Loyalität des Pferdes gegenüber seinem Reiter. *Sumisión* hat nichts mit *humillación* (Erniedrigung) zu tun, da ein Pferd, dessen Willen gebrochen wurde, niemals zu jener Charakterfestigkeit fähig wäre, die von einem exzellenten Arbeitspferd gefordert wird.

Ein Anglo-Araber im modernen Doma Vaquera Turnier

Die Entwicklung der Pferdetypen für den Einsatz in der Doma Vaquera

Verfolgt man die Entwicklung der spanischen Pferdepopulation über die Jahrtausende hinweg, so wird klar, daß über einen sehr langen Zeitraum sämtliche Tätigkeiten im Zusammenhang mit der Rinderzucht mit dem autochthonen Pferdetyp der iberischen Halbinsel, dem Spanischen Pferd, auch Andalusier genannt, ausgeführt wurden.

Diese Rasse blieb über viele Jahrhunderte nahezu unvermischt erhalten und entsprach bis ins Detail den morphologischen und charakterlichen Anforderungen, die an ein gutes Hirtenpferd gestellt wurden.

Vereinzelte Züchter experimentierten gegen Ende des 18. Jahrhunderts damit, arabisches Blut in die Reine Spanische

Rasse einfließen zu lassen, um die Pferde leichter und rassiger zu machen. Aus diesen Versuchen, die sich besonders für die Stierkampfpferde als sehr fruchtbringend herausstellten, wurde in der Folge eine sehr beliebte Kreuzung, die auch in einem eigenen Stutbuch geführt wird: der Hispano-Araber.

Als sich im beginnenden 19. Jahrhundert eine zusehends größer werdende Gruppe englischer, irischer und französischer Industrieller in Andalusien ansiedelte, brachten diese Menschen auch ihre Kultur, ihren Sport und ihre Pferde mit nach Spanien.

Sportveranstaltungen wie Polo, Springreiten und Pferderennen kamen in Mode, und es war klar, daß das barocke Spanische Pferd für diese Anforderungen nicht geeignet war. Viele Züchter in Südspanien begannen daher, ihre spanischen oder hispanoarabischen Stuten mit Englischen Vollbluthengsten zu decken. So entstand innerhalb kurzer Zeit ein ganz neuer Pferdetyp, der sogenannte *Tressangre* - das „Dreiblut", das über die Robustheit und Wendigkeit des Spanischen Pferdes, die Schönheit und Zähigkeit des Arabischen Vollblutes und die Schnelligkeit des Englischen Vollblutes verfügte und sich als geradezu ideal für den Einsatz in der Doma Vaquera herausstellte.

Die *Tressangres* haben längere Hälse und Gliedmaßen sowie feinere Gesichter mit konkavem Profil und hervortretenden Augen. Sie sind elegante Pferde mit Klasse und Schönheit, die in ihrer besten Ausprägung all die Voraussetzungen erfüllen, die ein gutes Doma Vaquera Pferd zu erfüllen hat.

Heutzutage werden sowohl im Feld als auch im Sport fast ausschließlich diese *Cruzados* (gekreuzten Pferde) eingesetzt, wobei je nach Kreuzung neben den Dreiblütern auch Hispano-Araber (Kreuzungen aus Spanischem Pferd und Araber) und Anglo-Araber (Kreuzungen aus Englischem und Arabischem Vollblut) verwendet werden.

Wie in den meisten Fällen hat das „Kreuzungsfieber", in das manche spanische Züchter verfielen, auch hier zu negativen Auswirkungen geführt.

Der exzessive Einsatz des Englischen Vollblutes in den letzten 50 Jahren hat zum Teil zu einer starken Qualitätseinbuße des spanischen Arbeitspferdes geführt.

Grund dafür ist in erster Linie die Tatsache, daß relativ wahllos jeder Englische Vollbluthengst zur Zucht herangezogen wurde, ohne auf seine inneren und äußeren Qualitäten besonderes Augenmerk zu legen.

Es wurden zum Teil zu große, langbeinige Hengste ohne Kruppe und Brustkorb eingekreuzt, die ihren Mangel an Kraft durch Renitenz und Widerstand gegen die Arbeit auszugleichen suchten. Während der bedachte Züchter Englisches Vollblut dosiert zuführt, um seine

Die Entwicklung der Doma Vaquera

Blutlinien aufzufrischen (Anteil des Vollblutes rund 50-60%), existieren mittlerweile viele Zuchten, in denen der Vollblutanteil bei fast 90% liegt, womit natürlich auch die negativen Eigenschaften dieser Rasse verstärkt zum Ausdruck kommen.

Schnelligkeit allein ist als Definition für ein gutes Feldpferd eben nicht ausreichend! Zunehmende Probleme, die bei solchen Pferden dadurch in der Feldarbeit und im Wettbewerb auftreten, werden sich wahrscheinlich in diesem Fall früher oder später als natürliches Regulativ erweisen und die Zuchtwahl wieder ins Gleichgewicht bringen.

Trotz der Dominanz der gekreuzten Rassen auf den Turnierplätzen der Doma Vaquera Bewerbe werden nach wie vor auch Pferde Reiner Spanischer Rasse („Andalusier") eingesetzt, viele von ihnen auch mit beachtlichem Erfolg.

Im Bewerb kommen auch Hengste Reiner Spanischer Rasse zum Einsatz, die aufgrund ihrer zusätzlichen Verwendung in der Zucht nicht kastriert wer-

Ein Hispano-Araber (Zucht Alvaro Domecq Romero) bereitet sich auf seinen Einsatz in der Arena vor.

den. Bemerkenswert erscheint mir, daß die Doma Vaquera das einzige Einsatzgebiet ist, in dem auch Stuten Reiner Spanischer Rasse vorgestellt werden, die ansonsten meist nur zur Zucht verwendet werden und eher selten auch unter dem Reiter zu sehen sind. Eine der berühmtesten Stuten war Centenaria, die 1980 bis 1982 in ununterbrochener Folge Spanischer Champion in der Doma Vaquera wurde.

Üblicherweise wird dem spanischen Arbeitspferd der Schweif kupiert.

Die Ausstattung des Doma Vaquera Pferdes

Einige Äußerlichkeiten

Schweif und Mähne des Doma Vaquera Pferdes

Pferde, die in einem Doma Vaquera Turnier vorgestellt werden, haben auf sehr bestimmte Art und Weise „zurechtgemacht" zu sein. Bei dem was wir bis jetzt gehört haben, versteht es sich von selbst, daß diese Art und Weise dieselbe ist, mit der der Vaquero sein Pferd für die Arbeit im Feld herrichtet. Einige dieser Bräuche basieren auf einer logischen Konsequenz der Feldarbeit, andere schlichen sich im Lauf der Zeit aus den verschiedensten Bereichen in die Doma Vaquera und besitzen dort ihren festen Platz, obwohl vielfach die Zusammenhänge gar nicht mehr bekannt sind.

Üblicherweise wird dem spanischen Arbeitspferd der Schweif kupiert. Der Sinn des kurzen Schweifes liegt darin, daß ein langer, wehender Schweif die Rinder mehr reizt als ein kurzer, er sich darüberhinaus ständig in den Ästen und Dornen des Feldes verfängt und zusätzlich eine Behinderung für die Arbeit mit der *Garrocha* darstellt. Kaum jemand weiß, daß der Brauch des Schweifkupierens ein sehr junger ist. Bis zur Jahrhundertwende wurde allen Pferden der Schweif im sogenannten Vaqueroknoten hochgebunden. Dieser Knoten benötigt weder Bänder noch Gummi, er hat seinen Halt allein durch die komplizierte Wickel-und Drehtechnik, mit der die Schweifhaare befestigt werden. Durch das traditionelle Schweifhochbinden erreichte man auf der einen Seite unproblematische Arbeitsbedingungen, ohne jedoch dem Pferd auf der anderen Seite die Möglichkeit zu nehmen, sich im Stall und auf der Weide der lästigen Fliegen zu entledigen.

Als zu Beginn unseres Jahrhunderts das englische Wagenpony, der Hackney, dessen Schweif stets beschnitten war, auch in Spanien stark in Mode kam, entschied man sich kurzerhand, den spanischen Arbeitspferden ebenfalls den Schweif abzuschneiden. So entfiel das lästige Knoten und darüberhinaus die Pflege des teils sehr üppigen Langhaars. Als Hommage an das englische Hackney (der Spanier spricht dieses Wort

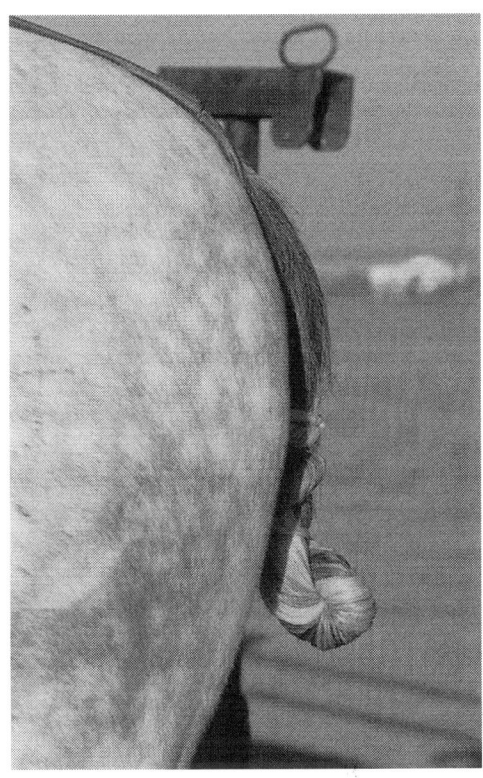

Der Vaqueroknoten hat seinen Halt allein durch die komplizierte Wickel- und Drehtechnik, mit der die Schweifhaare befestigt werden.

Chakni aus!) wurden diese kupierten Doma Vaquerapferde seit dieser Zeit *Jacas* (sprich: Chakas) genannt. In unseren Tagen wird diese Bezeichnung für alle Wallache und Stuten, die in der Doma Vaquera eingesetzt werden, verwendet. Es wurde geradezu zu einem Symbol für das spanische Arbeitspferd schlechthin!

Den Hengsten wird der Schweif nach wie vor hochgebunden, da diese zumeist auch auf Morphologieschauen vorgestellt werden, wo das lange Schweifhaar

Die Ausstattung des Doma Vaquera Pferdes

Hengste Reiner Spanischer Rasse dürfen auch im Doma Vaquera Turnier mit offenem Langhaar präsentiert werden, eine Hommage an das bodenständige Pferd, das hier als der Inbegriff des Männlichen verehrt wird.

erwünscht ist. Der Schweif eines Arbeitspferdes darf unter keinen Umständen geflochten oder mit irgendeiner Art von Verzierung (Quasten, Bändchen oder ähnliches) versehen werden. Der schlichte Vaqueroknoten, dessen Ausführung einen Anfänger erst mal Zeit und Nerven kostet, ist die einzig zugelassene Form in der Doma Vaquera. Die Mähne der *Jacas* wird verzogen und kurz gehalten (etwa zwei bis vier Finger lang), der Schopf in der Regel geschoren. Im Bewerb kann die verzogene Mähne offen getragen oder eingeflochten werden. Die Hengste genießen auch hier eine Ausnahmestellung. Ihr Schopf und ihre Mähne werden nicht verzogen, sondern stets eingeflochten, wobei für Hengste Reiner Spanischer Rasse auch die Ausnahmeregelung besteht, mit offenem Langhaar präsentiert werden zu dürfen. Nach dem, was oben über den Sinn des Schweifhochbindens gesagt wurde, erscheint dies nicht wirklich logisch, es ist aber als Ehrerbietung an den von den Spaniern über alles verehrten, bodenständigen Hengst zu sehen, der hier als der Inbegriff des Männlichen gesehen wird.

Beim Einflechten der Mähne sind nur zwei Arten zugelassen: Schlaufen oder kleine Knötchen, die mit Bändern oder Gummis in der Mähnenfarbe befestigt werden müssen. Weiße Gummis sind ebenso verpönt wie Quasten oder ähnlicher Zierrat. Auf keinen Fall dürfen farbige Bänder in der Mähne eingearbeitet werden oder die Mähne in Form eines den Mähnenkamm entlanglaufenden Zopfes eingeflochten werden.

Den Spanischen Stuten, die in der Doma Vaquera eingesetzt werden, werden die Mähne und die Schweifrübe nicht wie sonst in Spanien üblich geschoren. Die Mähne wird verzogen und eingeflochten, der Schweif meist geschnitten. Eine Unart, die offensichtlich aus dem Schauwesen der Araber in die Doma Vaquera übernommen wurde, ist der Brauch, den Pferden die Haare der Ohrmuscheln und die Tasthaare zu entfernen, um sie noch feiner und edler außehen zu lassen. Was dies für ein Pferd bedeutet, das bei den spanischen Sommertemperaturen ohne *Mosquero* in einen fliegengefüllten Stall oder auf eine mückenumschwirrte Koppel entlassen wird, kann man sich lebhaft vorstellen. Es bleibt nur zu hoffen, daß auch in diesem Bereich früher oder später die Vernunft siegen wird!

Mähne eines Vaquerapferdes, zu kleinen Knötchen geflochten.

Die traditionelle Ausstattung des Vaqueropferdes

Um die Ausgestaltung der Gegenstände, die zur Ausrüstung eines Vaqueropferdes gehören, verstehen zu können, müssen wir uns nochmals vor Augen führen, daß die Doma Vaquera, oder die spanische Kunst der Weidereiterei, wie sie in Spanien auch oft genannt wird, eine Arbeitsreitweise ist. Arbeit ist eine nüchterne, klare Angelegenheit, auch wenn sie mit Reiten zu tun hat, und ebenso nüchtern und schmucklos ist in diesem Zusammenhang auch das Zubehör von Reiter und Pferd.

Im Vordergrund steht die Funktion, auf schmückendes Beiwerk wird verzichtet. Wiewohl Nüchternheit im Hinblick auf das mitteleuropäische Verständnis von Reittradition sehr relativ zu sehen ist: wer wie der Durchschnitt der Freizeitreiter Europas an schlichte braune oder schwarze englische Sättel, mehr oder minder schmucklose Zaumzeuge und ganz und gar puritanische Bekleidungsvorschriften (Reithose, Frack oder Sacko, Stiefel und Helm oder Zylinder) gewöhnt ist, dem erscheint ein für die Arbeit „aufgemachtes" Vaqueropferd als ungleich schmucker und geschmückter als „Arbeitspferde" hierzulande. Zu verstehen ist all das vor dem Hintergrund der den Spaniern zur zweiten Natur gewordenen Liebe für das Repräsentieren.

Ein ausgesprochenes Gefühl für Details und kleine, schmückende Arabesken zeigt sich, wie auch in Mode, Innenausstattung oder Architektur, in sämtlichen Bereichen des Lebens und somit auch in der traditionellen Reiterei.

Wer jemals die berühmte Feria in Jerez de la Frontera besucht hat, war sicherlich überwältigt von der Farbenpracht und Vielfalt der Reiter und ihrer Pferde. Liebevoll und phantasiebegabt werden sowohl die Zwei- als auch die Vierbeiner für ihren großen Auftritt auf der Feria zurechtgemacht. Meist jedoch stimmen die Kleidung der Reiter und ihrer Damen sowie die Ausrüstung des Pferdes nicht mehr mit dem traditionellen Bild des Vaqueros überein. Um diese zu bewahren, wurden von der F.H.E., der spanischen reiterlichen Vereinigung, die auch das Turnierwesen reglementiert, Vorschriften erlassen, die die traditionelle Ausstattung eines Vaqueros und die Ausrüstung des Vaqueropferdes sogar „per Dekret" regeln (siehe dazu auch Seite 118).

In der Folge soll nun die traditionelle Ausrüstung des Pferdes genauer beschrieben werden.

Die Satteltypen

Generell werden in Spanien neben dem englischen Sattel, der auch hier zur Anwendung kommt, zwei Satteltypen verwendet: die *Silla española* (der Spanische Sattel) und die *Silla vaquera* (der Vaquerosattel), die in verschiedenen Formen und Ausführungen existieren. An dieser Stelle scheint es vielleicht angebracht zu sein, ein offenes Wort zur Begriffs- und Definitionsvielfalt der spanischen Sättel im allgemeinen zu sprechen, die einen Laien in tiefste Verwirrung stürzen kann. In diesem Buch sollen die beiden am häufigsten verwendeten Grundtypen beschrieben werden. Darüberhinaus gibt es aber eine Vielzahl an anderen Sätteln, die meist Mischtypen aus den beiden genannten Sätteln und/oder dem portugiesischen Sattel sind. Bezeichnungen wie *Royal*, *Jerezana*, *Mixta*, *Riaño*, *Potrera* und andere mehr, die sich häufig nur sehr schwierig voneinander abgrenzen lassen, machen eine eindeutige Zuordnung selbst für Kenner schwierig. Oft wird ein und derselbe Satteltyp von zwei verschiedenen Sattlern anders benannt, ebenso wie manchmal zwei ähnliche, aber dennoch in ihrer Ausführung reichlich verschiedene Sättel mit dem gleichen Namen versehen werden. Erwähnt werden soll an dieser Stelle nur die *Silla potrera*, die irrtümlicherweise oft mit der *Silla española* gleichgesetzt wird. Die *Pot-*

rera ist ein reiner Jungpferdesattel (*Potro*, Fohlen), der einen Mischtyp aus Spanischem und Portugiesischem Sattel darstellt: Vorderzwiesel, Steigbügelriemen und Steigbügel sowie Gurt entsprechen dem Spanischen Sattel, Hinterzwiesel und die etwas längeren, schwächer gepolsterten Sattelblätter dem Portugiesischen Sattel.

In der Doma Vaquera beschränkt sich der Einsatz auf die beiden eingangs erwähnten Typen, auf die in der Folge detailliert eingegangen werden soll. Beide Formen weisen eine extrem große Auflagefläche auf. Dadurch verteilen sie das Gewicht des Reiters optimal auf dem Pferderücken und sind trotz ihres gegenüber dem englischen Schulsattel deutlich höheren Gewichtes sehr angenehm für das Pferd.

Der Spanische Sattel - *Silla española*

Dieser Satteltyp kommt vor allem in der klassischen Reiterei und beim Anreiten junger Pferde zum Einsatz. Im Doma Vaquera Bewerb ist dieser Sattel für die Kategorie der jungen Pferde zugelassen. Die Española erinnert in ihrer Form an den englischen Sattel, auch wenn sie an Vorder- und Hinterzwiesel hochgezogene Wülste zur Sicherung des Reitersitzes aufweist. Der Vorderwulst ist mäßig hoch und gerundet, der flachere Hinterzwiesel zieht sich etwas höher hinauf und umfaßt die Gesäßbacken des Reiters. Das Sattelblatt ist rund. Beiderseits

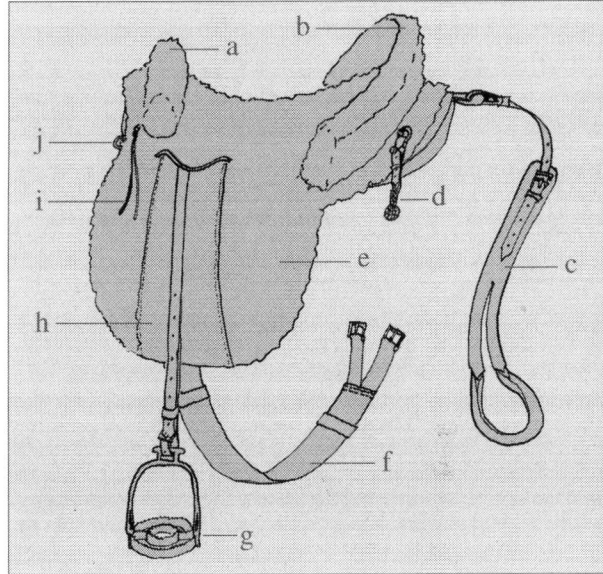

Silla española - Spanischer Sattel: a) Vorderzwiesel. b) Hinterzwiesel, c) Schweifriemen. d) Aufsteighilfe (ursprünglich ein doppelt gewundener Ersatzzügel), e) Lammfellbezug, f) Sattelgurt, g) typischer Steigbügel. h) Lederstreifen, i) Befestigungsriemen für die „Manta Estribera". j) Ring zur Befestigung des Vorderzeugs

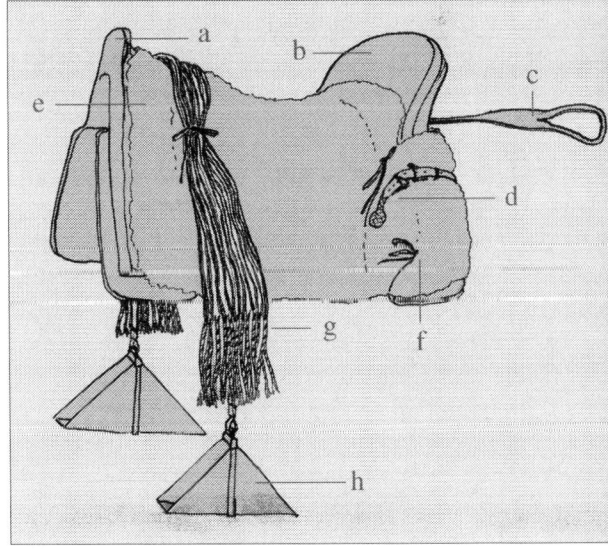

Silla Vaquera-Vaquerosattel: a)Vorderzwiesel. b) Hinterzwiesel (Concha), c) Schweifriemen, d) Aufsteighilfe, e) Lammfellüberzug, f) Lederbändchen zur Befestigung des Lammfellüberzugs. g) Manta estribera, h) Vaquera-Kastensteigbügel

Der Hinterzwiesel des Vaquerosattels ist mit einem charakteristischen Muster versehen (Concha - Muschel).

unter den Sattelblättern finden sich Schnallen zur Befestigung des Sattelgurtes. Die Schnallen der Steigbügel sind ebenfalls unter den Sattelblättern verborgen und nur über einen kleinen Ausschnitt zugänglich, was das Verstellen der Bügellänge etwas schwieriger gestaltet als beim englischen Sattel. An der Vorderseite des Sattelblattes befindet sich ebenfalls ein schmaler Wulst, um das Knie zu stützen. Die Sitzfläche verläuft in leichtem Aufwärtsschwung von vorne nach hinten.

Normalerweise wird dieser Sattel wie auch der Vaquerosattel ohne Satteldecke direkt auf den Pferderücken gelegt. Gründliches Trocknen nach jeder Verwendung ist natürlich Voraussetzung für eine lange Lebensdauer des Sattels. Obligatorisch für den großen und schweren spanischen Sattel ist der Schweifriemen, der ein Verrutschen nach vorne verhindern soll. Wahlweise verwendet werden kann auch ein Vorderzeug, das vor allem bei Festen aus optischen Gründen gerne zum Einsatz kommt.

Die *Silla española* wird mit einem fixen Sattelbaum gebaut, was einen ihrer wesentlichsten Unterschiede gegenüber dem Vaquerosattel ausmacht. Logischerweise ist ihre Paßform daher auch weniger variabel als die des Vaquerosattels, genaues Messen und Probieren sind Voraussetzung für einen exakt passenden Sattel. Eine der gesäßfreundlichsten Erfindungen der Reiterei überhaupt ist der Lammfellüberzug, der sommers wie winters die gesamte Lederoberfläche des spanischen Sattels bedeckt, bei Bedarf jedoch abnehmbar ist. Vollkommen nahtlos gearbeitet, vermittelt er ein weiches und bequemes Sitzgefühl, das seinesgleichen sucht. Um die allzuschnelle Abnützung des Fellüberzuges in der Schenkellage zu verhindern, ist an dieser Stelle ein breiter Lederstreifen eingearbeitet.

Zur *Silla española* gehört ein eigener, typischer Steigbügel. Er ist schwer und aus gerundetem Eisen und verfügt über eine etwas breitere Basis als der englische Steigbügel. Häufig werden jedoch auch für den Spanischen Sattel Vaquerosteigbügel verwendet.

Die Ausstattung des Doma Vaquera Pferdes

Der Vaquerosattel - *Silla Vaquera*

Der Vaquerosattel ist wohl der am häufigsten gebrauchte Sattel in Spanien. Sein Gebrauch ist im Prinzip reserviert für bereits ausgebildete Pferde, dennoch wird er sehr häufig auch für das Anreiten junger Pferde benützt. Sowohl der Gutsherr auf der Feria als auch der einfache Vaquero im Feld, alle reiten auf ihren Vaquerosätteln, die in den meisten Fällen maßgeschneidert für die Notwendigkeiten des Reiters sind. Die wichtigste Bedingung für einen guten Vaquerosattel ist, daß er bequem und praktisch ist. Jedes seiner Elemente hat eine Funktion, die sich aus der Arbeit im Feld herleiten läßt.

Traditionellerweise wird der Vaquerosattel aus gepresstem Stroh hergestellt, das zwischen Leder und Sackleinen in mehreren Rippen eingenäht wird. Die einzigen Metall- oder Holzteile legen die Form des Vorder- und Hinterzwiesels fest, der Rest des Sattels ist flexibel und paßt sich jedem Pferderücken optimal an. Gegurtet wird die *Silla Vaquera* mittels eines 1,70 Meter langen Gurtes, der zwischen Sattelkörper und Lammfellbezug rund um das Pferd läuft. Auf der einen Seite endet der Gurt in einem Ring, auf der anderen in einem etwas schmaleren, 90 Zentimeter langen Gurtstück, das durch den Ring gezogen und mittels einer Schnalle fixiert wird. Der Vorderzwiesel des Vaquerosattels ist etwas schmaler als beim spanischen Sat-

Die typischen Vaquerosteigbügel sind Kastenbügel aus Eisen, das im Normalfall patiniert ist. Nur die Garrochisten (wie in diesem Fall) verwenden blankpolierte Eisenbügel.

Im hinteren Bereich des Vaquerosattels befindet sich eine Aufstieghilfe, an der sich der Reiter in die Höhe ziehen kann. Im traditionellen Fall handelte es sich dabei um einen kunstvoll gewickelten Ersatzzügel, der im Falle eines Zügelrisses im Gelände gute Dienste leistete.

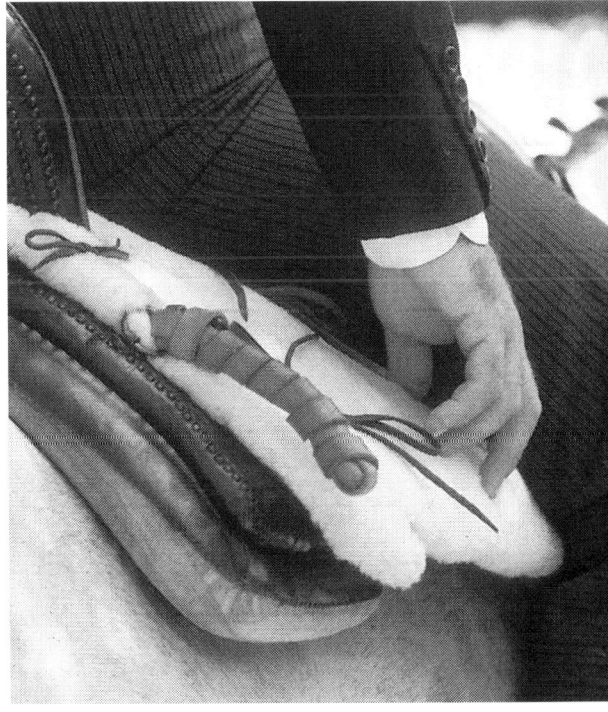

Die Manta Estribera diente dem Vaquera als Sitzgelegenheit oder Witterungsschutz bei plötzlichen Wetterschwankungen.

tel und erinnert mehr an das Horn des Westernsattels, obwohl es nicht dessen Funktion erfüllt. Der Hinterzwiesel, der

Die Silla Vaquera de Cornetas, der Vaquerosattel für Damen.

aufgrund seiner konzentrischen Verzierungen im Spanischen *Concha* (Muschel) genannt wird, ist hoch aufgezogen und verleiht dem Sitz des Reiters Festigkeit auch bei plötzlichen Sprints und Wendungen seines Pferdes.

An beiden Seiten des Sattels befinden sich Schnallen für die Bügelriemen. Die Steigbügelriemen des Vaquerosattels sind 1,70 Meter lang und werden dreimal überschlagen, bevor sie in den am Sattel befestigten Schnallen fixiert werden. Das Verstellen der Bügellänge vom Sattel aus wird zum Kunststück. Die typischen Vaquerosteigbügel sind Kastenbügel aus patiniertem Eisen, in denen der ganze Fuß des Reiters Halt und Schutz findet. Jeder der Bügel wiegt etwa zwei Kilo und schützt den Fuß des Reiters im Falle eines Sturzes von Reiter und Pferd vor Knochenbrüchen sowie vor dem gefürchteten Hornstoß eines Rindes während der Feldarbeit.

Der Lammfellüberzug (*Zalea*) des Vaquerosattels ist mit diesem untrennbar verbunden und wird mit drei Lederbändchen befestigt. Im Gegensatz zur Silla española werden beim Vaquerosattel Vorder- und Hinterzwiesel vom Fell ausgespart.

Auch die *Silla Vaquera* wird mit Schweifriemen geritten, das Vorderzeug kommt auch hier wahlweise zum Einsatz. Ein weiterer, typischer Bestandteil des Vaquerosattels ist die *Manta estribera*, der gestreifte Umhang, der gefaltet über dem Vorderzwiesel des Sattels mitgeführt wird. Ihre Fransen reichen bis zu den Steigbügeln herab, daher der Name „Bügelumhang". Dem Vaquero diente dieser Umhang als Sitzgelegenheit bei einer Rast im Feld oder als Schutz vor plötzlichen Witterungsschwankungen. Das heutzutage meist verwendete doppelt gefaltete, schmale Band hat mit der ursprünglichen *Manta* (Umhang) nichts mehr zu tun. Es ist nur mehr als stilistische Hommage an den traditionellen Verwendungszweck dieses Zubehörs zu verstehen.

Der Vollständigkeit halber sei hier auch noch ein Zubehör des Vaquerosattels erwähnt, das vor allem in den Fiestas, den spanischen Festen zum Einsatz kommt: die *grupera*, das Sitzkissen für die spanischen Damen, die ihre Kavaliere auf der Kruppe des Pferdes zur Feier begleiten. Dieses Sitzkissen aus Leder oder Leinen kann am Sattel mit zwei Riemen befestigt werden. Für mutige Damen gibt es den Vaquerosattel auch in einer Amazonenform: die *Silla Vaquera de Cornetas*, den Vaquero-Damensattel. In den Anfängen unseres Jahrhunderts ritten die wenigen Damen, die den Herren in der Arbeit des Feldes ebenbürtig waren, in Reitrock und Seitensitz. Während in den Vaquerobewerben unserer Tage die wenigen Teilnehmerinnen meist die Kleidung und Sättel der Männer wählen, kommt der Vaquero-Damensattel bei Fiestas und repräsentativen Anlässen nach wie vor zum Einsatz.

Nur wenige Damen starten heutzutage in Doma Vaquera Turnieren in Reitrock und Seitsitz.

Zäumung und Zügel

Das spanische Arbeitspferd wird mit zwei Zaumzeugtypen gezäumt:
• dem *Jerezana*-Zaum, der aus Stirnriemen, einem Backenstück, das links verschnallt wird, und einem Nasenriemen besteht, oder
• dem *Sevillana*-Zaum, der zusätzlich zu den obengenannten Teilen über einen Kehlriemen verfügt und dessen Backenstück beidseits verschnallt wird.
Gemeinsam ist beiden Zäumungen der typisch spanische Stirnriemen, das *Mosquero*. In seiner einfachen Form besteht das *Mosquero* aus rund 14 in den Stirnriemen eingearbeiteten Lederstreifen, die über das Gesicht des Pferdes bis etwa vier Finger über den Nasenriemen herabhängen. Die Funktion des *Mosquero* (gesprochen: Moskero) leitet sich

Die Ausstattung des Doma Vaquera Pferdes

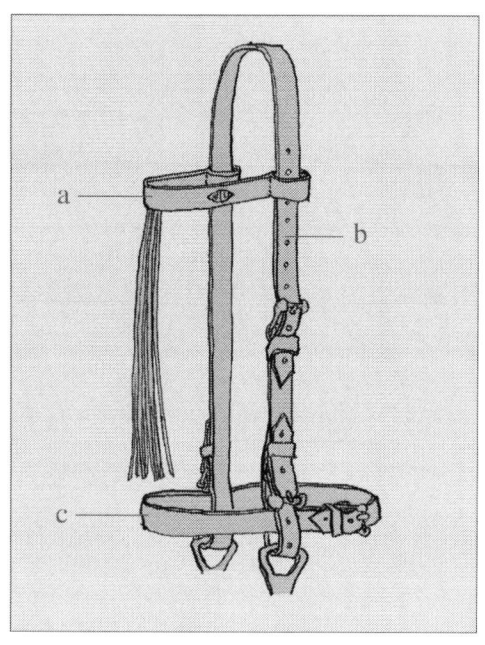

Jerezana Zäumung: a) Stirnriemen mit Lederfransen, b) Backenstück, links verschnallt, c) durchlaufender Nasenriemen.

Sevillana Zäumung: a) Stirnriemen mit Lederfransen, b) Backenstück, rechts und links verschnallt, c) durchlaufender Nasenriemen, d) Kehlriemen, links verschnallt

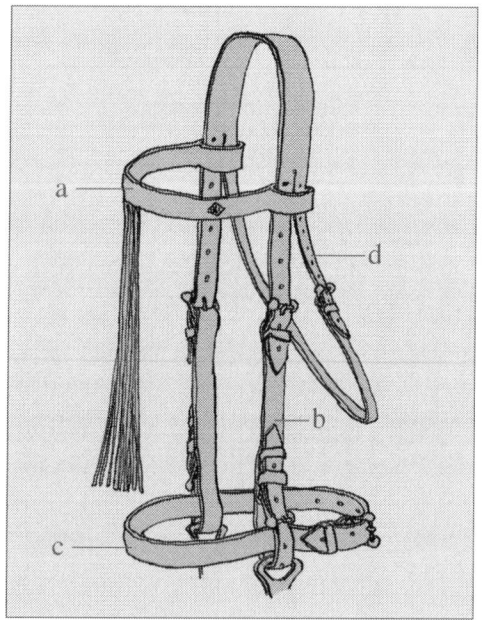

Vaquera Pferde vor dem Turnier: Jerezana Zäumung, Sevillana Zäumung.

von seinem Namen ab (*Mosqua*: Fliege) und ist denkbar einfach: da den Arbeitspferden in der Regel der Schopf geschoren wird, hält die ständige Bewegung des *Mosquero* bei der Arbeit die Fliegenschwärme von den Augen und Ohrmuscheln des Pferdes fern.

Im Bewerb kommt dem *Mosquero* neuerdings noch eine weitere Funktion zu: die Regelmäßigkeit seiner Bewegung gibt den Richtern Aufschluß über die Taktreinheit des Schritts des jeweiligen Pferdes. Ein korrekt gerittener Schritt ist stets von einer mehr oder

Die Ausstattung des Doma Vaquera Pferdes

minder starken Nickbewegung des Pferdekopfes begleitet. Das Mosquero macht jede dieser Bewegungen in rhythmischem Links-Rechts-Schwung mit und verrät so unbestechlich jeden auch noch so kleinen Takt- und Rhythmusfehler des Pferdes. Auf diese Weise wird das *Mosquero* zur unverzichtbaren Ausbildungshilfe bei der Arbeit mit jungen Pferden.

Wir wären nicht in Spanien, wenn nicht auch für die Ausgestaltung des *Mosquero* zahlreiche, äußerst kunstvolle Varianten erfunden worden wären. So kommen in Doma Vaquera Bewerben meist wunderschön gestaltete *Mosqueros* aus Roßhaar zum Einsatz, die aus drei oder fünf Rosetten bestehen, von denen vier bis sechs geflochtene, mit Haarquasten verzierte Bänder über das Gesicht des Pferdes fallen. Für besondere Gelegenheiten werden auch exquisite, fast unbezahlbare *Mosqueros* aus Seidenfäden aus den Familienschreinen geholt. Jedes dieser handgefertigten Einzelstücke hat seine Geschichte und ist der ganze Stolz seines Besitzers. Befestigt werden diese Mosqueros mittels eines Bändchens direkt am glatten Stirnriemen des Zaumzeuges.

In beiden Zäumungstypen kommt unter dem Nasenriemen wahlweise die *Serreta* zum Einsatz (s. S. 57ff.). Nur mehr selten sieht man auf Doma Vaquera Turnieren jene alte Zaumzeugform, in der die

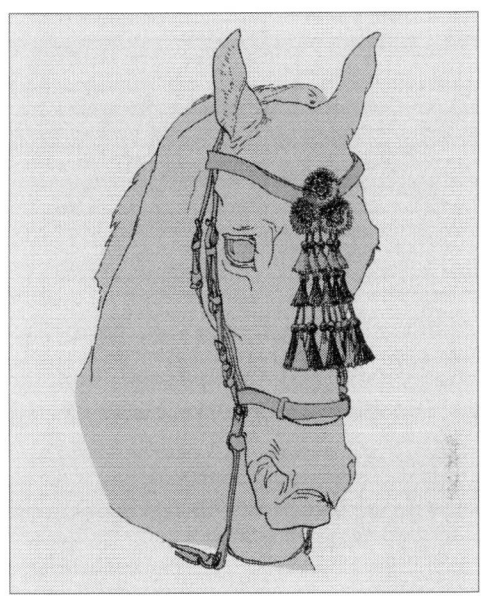

Das Mosquero aus Roßhaar besteht aus vier bis sechs geflochtenen, mit Haarquasten verzierten Bändern, die über das Gesicht des Pferdes fallen.

Die Funktion des Mosquero ist es, die Fliegenschwärme von den Augen und Ohrmuscheln des Pferds fern zu halten.

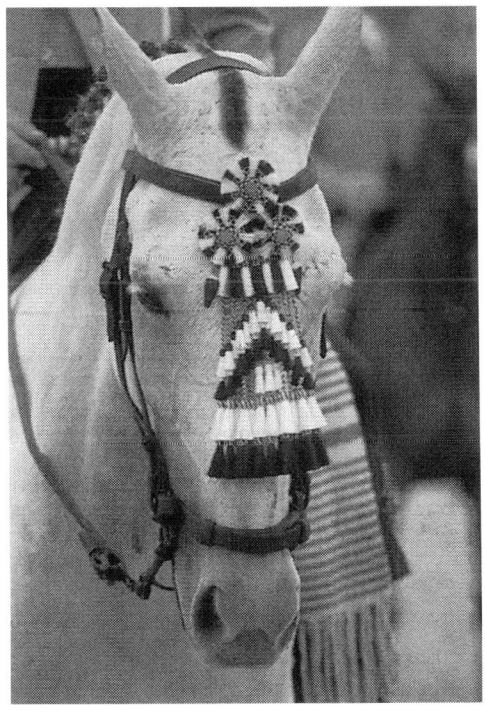

Die Ausstattung des Doma Vaquera Pferdes

Junge Pferde, die noch in Ausbildung stehen, werden mit vier Zügeln geritten, die in beiden Händen geführt werden. In diesem Fall sind die Hilfszügel in die Augen der Kandare eingeschnallt.

schwere Eisenserreta noch zusätzlich durch einen Vertikalriemen, der vom Stirn- zum Nasenriemen längs über das Gesicht des Pferdes verläuft, an Ort und Stelle fixiert wird.

Das vollausgebildete Vaqueropferd wird mit zwei Zügeln geritten, die in der linken Hand geführt werden. Aus diesem Grund ist der linke Zügel drei bis vier Zentimeter länger als der rechte, da beide Zügelenden gleich lang über die rechte Halsseite des Pferdes herabfallen sollen. Die Enden der Zügel, die nicht zusammengeschnallt sind, werden im sogenannten „Vaqueroknoten" miteinander verbunden.

Junge Pferde, die noch in Ausbildung stehen, werden mit vier Zügeln geritten, die in beiden Händen geführt werden. Während das Hauptzügelpaar am Unterende der Kandare befestigt ist, schnallt man die etwas schmaleren Zusatzzügel entweder in die Ringe der Serreta, um direkte Einwirkung auf den Nasenrücken zu erreichen, oder in das sogenannte Kandaren-Auge, um durch die Verringerung der Hebelkraft eine sanfte Einwirkung auf das Pferdemaul zu erreichen. Auch die Hilfszügel - im Spanischen nennt man sie Riendas falsas, falsche Zügel - sind an ihren Enden nicht fest verbunden.

Die Vielzahl der in der klassischen Dressur verwendeten Hilfszügel, wie Martingal, Chambon, Schlaufzügel und andere, sind in der Doma Vaquera verpönt und kommen nicht zum Einsatz.

Die Spanische Kandare

Das in der Doma Vaquera verwendete Gebiß ist die Vaquerokandare, die blank, also ohne Unterlegtrense, eingesetzt wird. Diese Kandare ist das Resultat jahrhundertelanger Überlieferung und

Tradition und wird aus Eisen oder ähnlichen Materialien hergestellt. Verpönt sind nichtoxidierbares Material oder verchromte Teile; was eine echte Vaquerokandare sein will, muß rostig oder zumindestens patiniert sein.

Traditionellerweise unterscheidet man drei Grundtypen der Vaquerokandare, wobei die Unterscheidungskriterien in der Gestaltung der Zungenfreiheit der Stange liegen:

• *Cuello de pichón*: die „Taubenhalsstange", die eine besonders hohe Zungenfreiheit aufweist, durch ihre kantige Form aber eine extrem scharfe Wirkung auf den Gaumen des Pferdes ausübt. Dieser Typ kommt heute kaum mehr zum Einsatz und wird aus reiner Sammlerleidenschaft gehandelt.

• *Boca de Sapo*: die „Krötenmaulstange", die durch ihre abrupte, hohe Wölbung ebenfalls sehr scharf wirkt und kaum verwendet wird.

• *Asa de Caldera*: die „Teekannenhenkelstange", die die heutzutage gebräuchlichste Kandarenform darstellt. Der mehr oder minder sanfte Schwung der Zungenfreiheit übt eine schonende Wirkung auf das Pferdemaul aus.

Die Vaquerokandare besteht aus dem Mundstück mit mehr oder weniger ausgeprägter Zungenfreiheit und zwei Kandarenbäumen, die sich in Oberbaum und Unterbaum unterteilen lassen. Die beiden Unterbäume sind meist durch eine Distanzstange verbunden, die bei kürzeren Unterbäumen gebogen ist, um das Kinn des Pferdes nicht zu berühren, bei längeren Unterbäumen jedoch gerade ist. Fixiert wird die Kandare mittels eine Kinnkette aus flachen Kettengliedern oder dem älteren, klassischeren „Kinnreif", einem glatten, halbmondförmigen Eisenstück, das anstelle der Kinnkette in die dafür vorgesehenen Haken der Kandarenstange eingehakt wird.

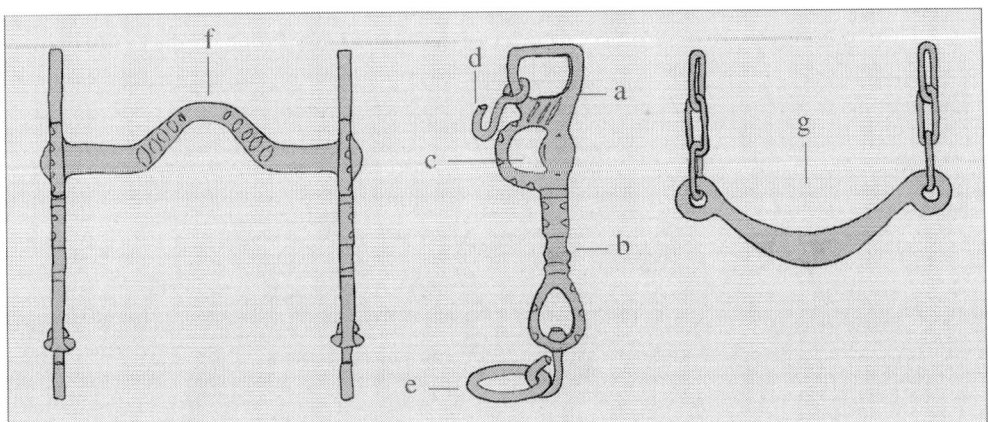

Die Vaquerokandare und ihr Zubehör: a) Kandarenoberbaum, b) Kandarenunterbaum, c) Kandarenauge, d) Haken für Kinnkette oder Kinnreif, e) Ring für den Zügel, f) Zungenfreiheit, g) Kinnreif

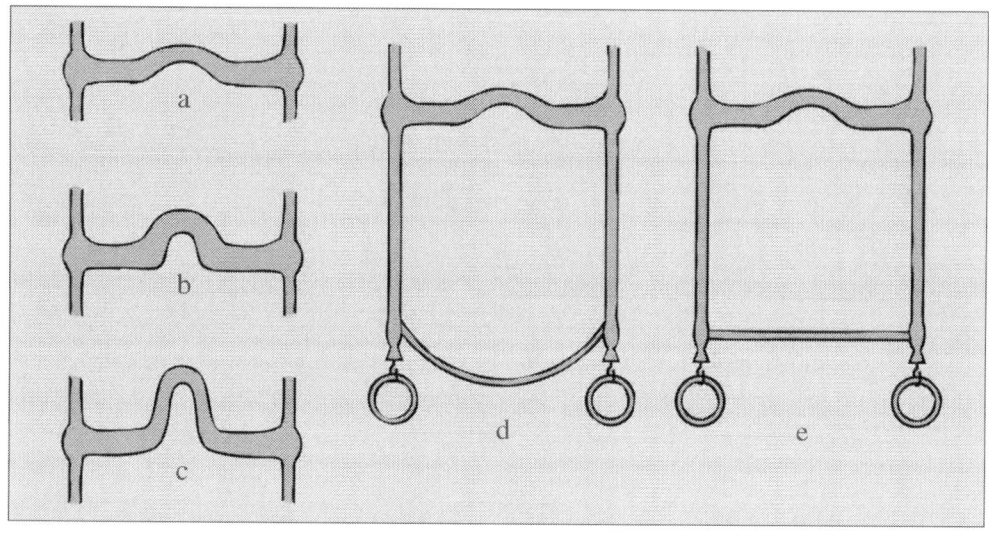

Die Kandarentypen:
a) Asa de Caldera -"Teekannenhenkelstange",
b) Boca de Sapo -"Krötenmaulstange",
c) Cuello de Pichón -"Taubenhalsstange",
d) gebogene Distanzstange, e) gerade Distanzstange

Die Effizienz der Vaquerokandare wird durch verschiedene Faktoren bestimmt:

- durch die Dicke der Stange
- durch die Ausprägung und Form der Zungenfreiheit
- durch die Proportionen der Kandarenbäume, sprich das Verhältnis von Oberbaum zu Unterbaum
- durch die Spannung der Kinnkette oder des Kinnreifs

Das Verhältnis von Oberbaum zu Unterbaum wird im Normalfall mit 1:3 angegeben: der Oberbaum mißt mit rund 4,5 Zentimetern ein Drittel des Unterbaums (13,5 Zentimeter). Je nach Problemstellung und Temperament des Pferdes können nun über eine Veränderung dieses Verhältnisses diverse Fehler korrigiert werden. Tendiert ein Pferd dazu, den Kopf nach oben wegzudrücken, wird das Verhältnis auf 1:4 oder 1:5 vergrößert, um die Hebelwirkung zu verstärken. Reagiert ein Pferd überempfindlich auf die Kandareneinwirkung, indem es sich einrollt und hinter dem Zügel geht, wird man eine Kandare wählen, die durch ein Verhätnis von 1:2 etwas weicher wirkt.

Am weichsten wird eine Kandare sein, die mit dicker Stange, mäßiger Zungenfreiheit und relativ kurzen Kandarenunterbäumen auskommt. Die Kinnkette muß derart dimensioniert werden, daß die Kandarenbäume bei lockerem Zügel praktisch auf der gleichen Linie wie die Maulspalte des Pferdes liegen und bei angestelltem Zügel mit dieser einen Winkel von rund 45° einschließen. Gott sei Dank geht der allgemeine Trend in

Die Ausstattung des Doma Vaquera Pferdes

der Doma Vaquera zu einer Entschärfung der „Hilfsmittel" der Reiter. Es werden in der Regel keine martialischen Kandaren und Sporen mehr eingesetzt. Man besinnt sich zusehends auf die „Überredungskunst", um das Pferd zur Mitarbeit anzuregen.

Junge Pferde werden manchmal mit gebrochener Kandarenstange angeritten, wobei in diesem Fall die Unterbäume nicht durch eine Distanzstange verbunden sind. Über die Zweckmäßigkeit einer derartigen Konstruktion läßt sich sicherlich streiten, da die Hauptfunktion der Kandare, nämlich die Hebelwirkung, durch das Gelenk in der Stange ad absurdum geführt wird. Sinnvoller scheint es, hier vorderhand ganz auf eine Kandare zu verzichten und den Youngster mittels einer gebrochenen Wassertrense an die Zügelhilfen des Reiters heranzuführen. Auch in Spanien wird in vielen Ausbildungsställen mittlerweile die Trense als erstes Gebiß für junge Pferde verwendet.

Die Serreta: geniale Ausbildungshilfe oder Marterinstrument?

Das Thema der Serreta ist außerhalb Spaniens ein derart kontroverses, daß es angebracht erscheint, dieser Problematik einen eigenen Abschnitt zu widmen. Traditionellerweise ist in Spanien die

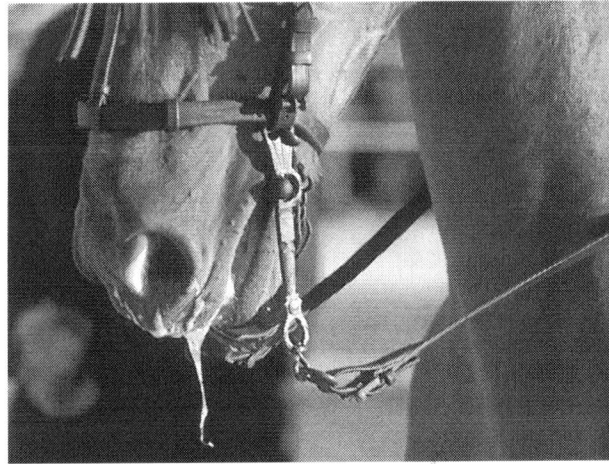

Vaquerokandare mit kurzen Unterbäumen und gebogener Distanzstange.

Verwendung der Serreta aus der Ausbildung eines jungen Pferdes nicht wegzudenken, dennoch mehren sich auch hier

Vaquerokandare mit langen Unterbäumen und gerader Distanzstange.

Dieses junge Pferd ist auf Vaquerokandare mit Serreta gezäumt, die Hilfszügel sind in die Serreta eingeschnallt. Beachte: Der Reiter verwendet ein Martingal, das im Kinnriemen seines Pferdes befestigt ist: dies ist bei Doma Vaquera Turnieren nicht zugelassen.

die Stimmen, die die unbedachte und brutale Anwendung dieser Ausbildungshilfe zumindestens in Frage stellen.

Worum handelt es sich nun bei der Serreta? Die Serreta ist ein halbmondförmiges Eisenstück, das an der Innenseite mit kleinen Zacken versehen ist und auf dem Nasenrücken des Pferdes zum Einsatz kommt.

In der Regel ist sie mit Leder umkleidet, um die Auswirkung der Zacken etwas abzuschwächen, es sind aber auch reine Eisenserretas im Gebrauch. Es gibt zwei Arten von Serretas: die normale Serreta, die in das Zaumzeug des jungen Pferdes statt des Nasenriemens eingeschnallt wird und an ihrer Außenseite mit zwei Ringen versehen ist, in denen die Zusatzzügel befestigt werden, und die *Serreta occulta*, die versteckte Serreta, die beim fertig ausgebildeten Pferd unter den Nasenriemen geschnallt wird, um zusätzlich zur Kandarenwirkung einen gewissen Einfluß auf die Nase des Pferdes beizubehalten.

Die Grundidee der Serreta ist absolut legitim : dem jungen Pferd wird mit Signalen über den Nasenrücken klargemacht, was man von ihm will, ohne daß dabei im Maul herumgezogen wird. Nur schrittweise wird der Kandarenzügel zusätzlich zum Serretazügel in Gebrauch genommen.

Eine bedacht eingesetzte Serreta in der Hand eines erfahrenen, gefühlvollen Reiters kann wahre Wunder bewirken, läßt sich doch mit ihrer Hilfe ein Pferd heranbilden, das an Feinfühligkeit auf die Zügelhilfen kaum zu überbieten ist. Voraussetzung dafür ist allerdings, daß der Reiter die äußerst diffizile Wechselwirkung zwischen Hauptzügeln und Zusatzzügeln, also zwischen Maul und Nase perfekt beherrscht. Eine Unzahl an vernarbten Pferdenasen legt Zeugnis davon ab, daß leider nicht allzuviele Reiter und Ausbilder über dieses Feingefühl verfügen. Die Schnelligkeit der Ausbildung rangiert vor deren Qualität, und so werden durch unsachgemäße

Anwendung der Serreta dem Nasenrücken des Pferdes oft schlimme Verletzungen zugefügt.

Die Problematik, die sich im Hinblick auf die Verwendung der Serreta stellt, bezieht sich jedoch nicht nur auf die Verletzungsgefahr. Im alltäglichen Gebrauch wird die Serreta häufig dahingehend eingesetzt, den Kopf des jungen Pferdes möglichst schnell in die korrekte Position, also das Profil in die Senkrechte, zu bringen. Die Ungeduld des Reiters führt dazu, dem Pferd durch massiven Serreta-Einsatz eine Kopfhaltung abzuringen, die es aufgrund seines mangelnden Ausbildungsstandes noch nicht anbietet.

„Ein Pferd vor der Zeit versammeln zu wollen, bedeutet seine Versammlung für das ganze Leben zu verlieren" sagt Luis Ramos Paúl, einer der unbestrittenen Könner auf dem Gebiet der Doma Vaquera.

Erreicht das Pferd den fortgeschrittenen Versammlungsgrad nicht durch Gleichgewicht und Balance, wird durch das erzwungene Versammeln das Gegenteil von dem bewirkt, was man will. Das Pferd bildet durch ständigen Widerstand die Unterhalsmuskulatur stärker aus als den Oberhals und wird Zeit seines Lebens mit einem erworbenen Hirschhals und einer gravierenden Fehlhaltung des Kopfes zu kämpfen haben. Eine spätere Korrektur dieses Fehlers ist langwierig und schwierig, wenn nicht gar unmöglich.

Zäumung auf Vaquerokandare und Serreta, wobei nur im rechten Serretaring ein Zügel eingeschnallt ist. Diese Maßnahme wird manchmal bei speziellen Biegungs- oder Stellungsproblemen eines Pferdes ergriffen.

„Die Serreta kann nützlich sein, wenn man sie mit Sorgfalt und in ständiger Alternation mit dem Pferdemaul verwendet" sagt Ramos Paúl *„Nicht vergessen jedoch sollte man, daß das angestrebte Ziel sehr wohl ohne brutale Methoden und Kraftakte erreicht werden kann. In der Kraft wird uns das Pferd stets überlegen sein, wir sind dazu verpflichtet, das einzusetzen, worin wir dem Pferd überlegen sind: die Intelligenz."*

In der spanischen Doma Vaquera haben es die Vaqueros mit Kühen zu tun, die ziemlich agressiv angreifen.

Die Doma Vaquera und andere Reitdisziplinen

Generelle Grundlagen der Ausbildung

Die Gänge des Pferdes und ihre Verwendung in der Doma Vaquera

Das spanische Pferd verfügt über drei natürliche Grundgangarten, den Schritt, den Trab und den Galopp. Alle drei Gangarten können unter dem Reiter in unterschiedlichen Versammlungsgraden entwickelt werden.

Der Schritt

Der Schritt ist eine natürliche Viertaktbewegung ohne Unterbrechung, wobei das Pferd den Hals als Balancierstange benützt und sich stets mit einem Bein auf dem Boden befindet (Abfolge: hinten links, vorne links, hinten rechts, vorne rechts). Das größte Geschenk, das ein Pferd mitbringen kann, ist ein regelmäßiger, mit der Hinterhand weit unterfußender Schritt. Diese Fähigkeit des Pferdes muß äußerst vorsichtig und pfleglich gehandhabt werden, da jeder Fehler in der Ausbildung (wie zu frühes Versammeln oder Biegen im Hals) zu Verspannungen des Pferdes und damit zu Taktfehlern führt.

Ein grober Fehler im Schritt ist der Paßgang, bei dem sich das Pferd nicht mehr an den klaren Viertakt hält und mit den diagonalen Beinpaaren fast gleichzeitig auffußt. Diese schlechte Angewohnheit, die schlicht und einfach auf die Unkenntnis des Reiters zurückzuführen ist, läßt sich später kaum oder nur sehr schwierig korrigieren.

Die Tendenz des spanischen Reiters, durch zu frühes „Herunterzwingen" des Kopfes eine Pseudoversammlung des Pferdes erreichen zu wollen, führt dazu, daß viele der auf spanischen Doma Vaquera Tunieren vorgestellten Pferde einen fehlerhaften, gebundenen Schritt zeigen (wenn auch dem Raumgriff in der Doma Vaquera weit weniger Bedeutung beigemessen wird als in der klassischen Dressur, so wird auch hier auf korrekte Fußfolge und einen klaren Takt Wert gelegt).

Das spanische Publikum ist sich daher fälschlicherweise darin einig, daß „in Spanien gezogene Pferde keinen guten Schritt haben". Nur wenigen erfahrenen Spezialisten ist klar, daß in der heutigen Ausbildung des Doma Vaquera Pferdes der Paso del campo, der freie ungebundene Schritt, fehlt, der im Feld geritten wird.

In der klassischen Dressur wird im Schritt zwischen folgenden Gangmaßen unterschieden:

Der freie Schritt am hingegebenen Zügel wird zur Lösung und zum Abreiten nach der Arbeit eingesetzt. Der Mittelschritt entspricht dem Arbeitstempo dieser Gangart, wobei die Hinterhufe etwas über die Spuren der Vorderhufe hinausgreifen sollen. Im starken Schritt vergrößert sich der Rahmen des Pferdes, der Hals streckt sich (ohne jedoch die Verbindung zur Reiterhand zu verlieren) und die Hinterhufe übertreten deutlich die Spuren der Vorderhufe. Im versammelten Schritt, der eine sehr fortgeschrittene Übung darstellt, richtet sich der Hals des Pferdes entsprechend der erreichten Versammlung auf, die Hinterhand senkt sich und übernimmt vermehrt Gewicht. Die einzelnen Schritte sind weniger raumgreifend, daher fußen die Hinterhufe hinter den Fußspuren der Vorderhufe auf. In der Doma Vaquera wird nur der Mittelschritt (Paso castel-

Die Doma Vaquera und andere Reitdisziplinen

Wichtigste Gangart des Vaquero Pferdes ist der taktmäßige, raumgreifende Schritt. Nur im freien Feld hat das junge Pferd Gelegenheit, den Paso del campo, den „Weideschritt" zu erlernen.

lano oder Arbeitsschritt genannt) und der versammelte Schritt geritten. Indiz für einen kadenzierten, lebendigen Schritt ist die Bewegung des Mosqueros, das rhythmisch und ohne Unterbrechung von einer Seite zur anderen schlagen soll.

Der Trab

Der Trab ist eine Bewegung im Zweitakt, wobei die diagonalen Beinpaare abwechselnd den Boden berühren, unterbrochen von einer kurzen Schwebephase. Im Trab soll sich das Pferd taktrein, elastisch und mit gutem Raumgriff bewegen, wobei der Schubkraft aus der Hinterhand besondere Bedeutung beigemessen wird. Verhaltene Trabtritte ohne schwingenden Rücken sind ebenso fehlerhaft wie passageartige Bewegungen. Beides ist auf Verspannungen zurückzuführen, deren Ursache für gewöhnlich in fehlerhafter Ausbildung zu suchen ist.

Die klassische Dressur kennt den Trab in folgenden Ausformungen:

Arbeitstrab, Mitteltrab, starker Trab und versammelter Trab. Das Tempo des Arbeitstrabes ist ein wenig über dem vom Pferd von sich aus angebotenen Tempo angesiedelt. Die Hinterhufe fußen in die Abdrücke der Vorderhufe, der Bewegungsablauf ist taktmäßig und zwanglos. Im Mitteltrab werden die Tritte schwungvoller und länger, das Pferd streckt sich und trägt Hals und Kopf höher.

Der Schwung wird durch kraftvolles Beugen und Strecken von Hüft- und Kniegelenk ausgelöst, die das Pferd mit erhöhter Schubkraft nach vorne ausgreifen lassen. Die Hinterhufe übertreten die Fußspuren der Vorderhufe. Der starke Trab ist eine Weiterentwicklung des Mitteltrabes und resultiert in einem Maximum an Raumgriff und Schubkraft. Der versammelte Trab ist ein erhobenes Treten mit gesenkter Hinterhand und aufgerichtetem Hals. Der Raumgriff

Die Doma Vaquera und andere Reitdisziplinen

ist geringer, die Hinterhufe fußen hinter den Spuren der Vorderhufe auf.

Während in der klassischen Dressur der Trab die wichtigste Gangart ist, der sowohl während der Ausbildung als auch im Bewerb höchste Bedeutung zukommt, wird diese Gangart beim vollausgebildeten Doma Vaquera Pferd nicht geritten.

Der Trab stellt lediglich ein Hilfsmittel in der Ausbildung des Pferdes dar, das dazu dient, Biegungen zu erarbeiten, die Pferde zu lösen und an die Hand zu stellen. Im Hinblick darauf wird das Vaquera Pferd auch ausschließlich im Arbeitstrab geritten, wobei gelegentliches Verstärken seinen jeweiligen Ausbildungsstand überprüfen und seine Durchlässigkeit erhöhen soll. Im Bewerb sind keine Trablektionen vorgeschrieben.

Der Galopp

Der Galopp in seiner korekten Ausführung ist eine kadenzierte Dreitaktbewegung, die von einer Schwebephase abgeschlossen wird (äußerer Hinterfuß, innerer Hinterfuß und äußerer Vorderfuß, innerer Vorderfuß, Schwebephase). Je nachdem welches seitliche Beinpaar vorgreift, unterscheiden wir den Rechtsgalopp und den Linksgalopp.

Der häufigste Fehler im Arbeitsgalopp und versammelten Galopp ist der sogenannte „Vierschlag", bei dem die zweite Galoppphase auseinander fällt und das Pferd mit dem inneren Hinterfuß und dem äußeren Vorderfuß hintereinander auffußt. Ursache dafür ist das ungenügende Vorspringen der Hinterbeine und mangelnde Schwungentfaltung.

Im Renngalopp oder Sprintgalopp dahingegen, der in der Doma Vaquera in einigen Lektionen zum Einsatz kommt, wird durch das hohe Tempo und die starke Streckung des Pferdes automatisch aus dem Dreitakt des Galopps ein Viertakt. Dieser ist dann nicht als Fehler zu werten.

In der klassischen Dressur unterscheiden wir vier Gangmaße des Galopps: Arbeitsgalopp, Mittelgalopp, starken Galopp und versammelten Galopp.

Der Arbeitsgalopp ist eine regelmäßige, taktreine, federnde Bewegung mit guter Hinterhandaktivität. Der Mittelgalopp verlangt längere und raumgreifendere Sprünge, wobei die Bewegung nicht flach werden darf, sondern mit tiefer Kruppe bergauf gerichtet sein soll. Im starken Galopp wird der höchste Raumgriff erzielt, ohne daß die Ruhe und Leichtigkeit der Bewegung verloren gehen darf. Das Pferd streckt Hals und Nase und senkt seinen Kopf. Es entwickelt eine ungeheure Schubkraft aus der Hinterhand. Der versammelte Galopp wird wie auch schon der versammelte Schritt und Trab in stärkerer Setzung des Pferdes geritten. Die Hanken sind gebeugt, der Hals ist aufgerichtet, der Raumgriff eingeschränkt.

In der Doma Vaquera ist der Galopp die Hauptgangart, sowohl bei der Arbeit im Feld als auch im Bewerb. Daher trägt hier der Name „Arbeitsgalopp" eine ganz andere Bedeutung als in der klassischen Dressur: der Arbeitsgalopp ist die Hauptfortbewegungsart des spanischen Vaquero. Darüber hinaus wird der versammelte Galopp geritten, bei dem vor allem die verstärkte Gewichtsübernahme durch die Hinterhand und die Freiheit der Vorderhand beachtet wird. Der starke Galopp wird anders als in der klassischen Dressur geritten: er wird in der Doma Vaquera *arreón* (arrear = treiben) genannt und stellt eine Spezialität dieser Disziplin dar. Der arreón ist ein impulsiver, kraftvoll beschleunigter Sprintgalopp, der das Pferd wie von einer Feder abgeschossen nach vorne starten läßt. Seine Geschwindigkeit liegt noch über der des starken Galopps, und er verfügt über eine eigene Dynamik.

Die Hilfen des Reiters

Ganz allgemein gesehen, sind die Hilfen des Reiters Mittel, um sich dem Pferd verständlich zu machen. Man kann sie in natürliche Hilfen (Gewicht, Schenkel, Hände, Stimme) und künstliche Hilfen (Sporen, Gerte, Serreta ...) unterteilen. Die künstlichen Hilfen dienen, richtig angewendet, der Verstärkung oder Verdeutlichung der natürlichen Hilfen.

In der Regel unterscheiden sich die natürlichen Hilfen, die in der Doma Vaquera angewendet werden, nur unwesentlich von den in der klassischen Dressur verwendeten.

Der *Sitz* ist hier wie dort so wie in allen Reitweisen dieser Welt der springende Punkt, von dem Erfolg oder Mißerfolg der Ausbildung des Pferdes abhängt. Es kann gar nicht oft genug hervorgehoben werden, daß nur ein tiefer, ausbalancierter, unabhängiger Sitz des Reiters auf dem Pferd den Ausbildungserfolg des Pferdes garantieren kann.

Die *Schenkel* müssen unabhängig von einander agieren können, wobei zwischen vorwärtstreibender, seitwärtstreibender und verwahrender Wirkung unterschieden wird. Die vorwärtstreibende Wirkung der Schenkel, die mit beiden Beinen gleichzeitig oder wechselweise angewendet wird, kommt knapp hinter dem Gurt zum Einsatz, dort wo das Bein bei korrektem Sitz seine natürliche Lage findet. Die seitwärtstreibende oder verwahrende Schenkelhilfe wird mit einzelnem Bein etwa eine Handbreite hinter dem Gurt erteilt. Verwahrende Hilfe des äußeren Schenkels dient dazu, die Kruppe des Pferdes auf der vorgegebenen Linie zu halten (beispielsweise bei Wendungen und Zirkeln, oder beim Angaloppieren), die seitwärtstreibende Schenkelhilfe kommt bei den Seitengängen in ihren verschiedenen Ausformungen zum Einsatz. In der Doma Vaquera kommt in gradueller Steigerung der Intensität der Schenkelhilfe zuerst die Wade, dann die Kante des Doma Vaquera Steigbügels und zuletzt der Sporn zum Einsatz. Auffällig ist, daß der Vaquero bei der Schenkelhilfe die Fußspitzen meist viel weiter vom Pferd wegdreht, als wir dies aus der klassischen Dressur gewöhnt sind. Die Ursache dafür ist im Vaquerasattel zu suchen, der durch seinen speziellen Bau den Reiter generell etwas weiter entfernt vom Pferd hinsetzt und durch die klobigen Steigbügel gar keine andere, akzentuierte Beinhilfengebung erlaubt. Wie auch in der klassischen Dressur sollen die Schenkel in ständigem Kontakt mit dem Pferdeleib sein. Durch ihre Wirkung auf die Hinterhand des Pferdes wird diese dazu angehalten, kraftvoll auszuschreiten und mit zunehmendem Ausbildungsniveau zusehends mehr Gewicht des Pferdes zu übernehmen.

Die *Stimme* ist bei jeglicher Ausbildung des jungen Pferdes ein probates Hilfsmittel. Pferde besitzen ein hervorragendes Gehör und unterscheiden sehr schnell die verschiedenen Klangbilder der tadelnden und der lobenden Stimme. Reden Sie also mit Ihrem Pferd, setzen Sie Ihre Stimme ganz bewußt als Hilfsmittel ein!

Eine der Eigenheiten der Doma Vaquera ist die Haltung und Anwendung der *Zügel*, wobei wir hier einen großen Unterschied zwischen der Ausbildung eines jungen Pferdes und der Anwendung bei bereits ausgebildeten Pferden machen müssen. Darauf soll etwas später eingegangen werden.

Grundsätzlich ist die Zügelwirkung ähnlich wie in der klassischen Dressur. Die Hände des Reiters sollen einen weichen Kontakt mit dem Pferdemaul halten und als Gegenpol zu den treibenden Hilfen von Gewicht und Schenkel eingesetzt werden.

Die Aktion der Zügel läßt sich folgendermaßen unterteilen:
- Aktive, annehmende Zügelhilfe, die die Spannung erhöht und eine Richtung oder Stellung gibt.
- Passive, nachgebende Zügelhilfe, die dann zum Einsatz kommt, wenn der gewünschte Effekt ereicht ist. Hierbei handelt es sich nicht etwa um ein „Wegwerfen" des Zügels, sondern eine Wiederherstellung des normalen Kontaktes.
- Aushaltende Zügelhilfe, die als Unterstützung und Regulierung wirkt. Sie verhindert eine übermäßige Innenbiegung des Pferdes bei Wendungen und Seitengängen.
- Widerstandleistende Zügelhilfe, die verhindert, daß das Pferd sich der Zügel bemächtigt und sich deren Einwirkung entzieht. Diese „Hilfe" wird vor allem in Konfliktsituationen eingesetzt, da konsequentes, passives Gegenhalten bessere Resultate zeigt als verbissenes Ziehen.

Art und Wirkung der Zügelführung

Je nach Ausbildungsgrad des Pferdes kommen in der Doma Vaquera folgende Zügelkombinationen zum Einsatz, wobei gilt, daß grundsätzlich jedes Pferd mit vier Zügeln angeritten wird:

Vier Zügel, mit Serreta und Trense: zwei Hilfszügel in den seitlichen Ringen der Serreta, zwei Hauptzügel in der Trense. Diese Zügelführung wird beim Übergang von der Longenarbeit, in der das Pferd an die Einwirkung der Serreta auf den Nasenrücken gewöhnt wird, zum freien Reiten verwendet. Die sanft wirkende Trense macht das Pferd erstmals mit der Handeinwirkung auf sein Maul vertraut.

Vier Zügel, mit Serreta und Vaquerokandare: zwei Hilfszügel in den seitlichen Ringen der Serreta, zwei Hauptzügel in den Unterbäumen der Kandare. Nachdem das Pferd die grundsätzlichen Prinzipien des Gerittenseins gelernt hat (Schritt, Trab, Galopp mit Übergängen und Wendungen), wird in der Regel zu dieser Zäumung übergegangen.

Das Pferd lernt, immer noch unterstützt durch die vertraute Serreta, die feineren, präziseren Hilfen der Kandare kennen. Manche Ausbilder schieben noch eine Zwischenstufe ein, wobei das Pferd auf Pelham gezäumt wird, andere gehen direkt zur nächsten Kombination über.

Vier Zügel, mit Kandare: zwei Hilfszügel in den Augen der Kandare, zwei Hauptzügel in den Kandarenunterbäumen. Diese Kombination wird bei Pferden angewendet, die zusehends unabhängig von den Serretazügeln geritten werden können. Oftmals wird als Übergang in den Nasenriemen die Serreta occulta eingeschnallt, die (vor allem solange ein Hilfszügelpaar in den Kandarenaugen eingeschnallt ist) auch noch eine nicht unbeträchtliche Wirkung auf den Nasenrücken ausübt

Zwei Zügel mit Kandare: zwei Hauptzügel in den Kandarenunterbäumen. Das Ziel der Ausbildung ist es, das Pferd mit minimaler Handeinwirkung auf diese Weise reiten zu können.

Auch die Form der Zügelführung variiert, je nach Vorliebe des Reiters und Ausbildungsstand des Pferdes. Zu Beginn ist es üblich, die beiden Zügelpaare getrennt in zwei Händen zu führen (vergleichbar der klassischen 2-2-Zügelführung beim Reiten auf Kandare mit Unterlegtrense). Die Hände werden tief und breit geführt, damit wird dem jungen Pferd am leichtesten verdeutlicht, was von ihm verlangt wird.

Die traditionellere, zugegebenermaßen aber auch kompliziertere Weise der Zügelführung, die von den meisten arrivierten Ausbildern und Reitern von Anfang an benutzt wird, ist die folgende: Man nimmt alle Zügel in die linke Hand und zwar auf die Weise, daß der

Hilfszügel der linken Seite unterhalb des kleinen Fingers, der Hauptzügel der linken Seite zwischen kleinem Finger und Ringfinger, der Hauptzügel der rechten Seite zwischen Ringfinger und Mittelfinger geführt wird. Der Hilfszügel der rechten Seite läuft von oben nach unten zwischen Zeigefinger und Daumen in die Hand hinein und verläßt sie am unteren Faustende.

Während der Arbeit mit dem Pferd greift der Reiter mit der rechten Hand in das rechte Zügelpaar hinein (Hauptzügel zwischen Mittelfinger und Zeigefinger und Hilfszügel zwischen Mittelfinger und Ringfinger), um die Zügelhilfen deutlicher zu vermitteln.

Bei einer weiteren, sehr weit verbreiteten Weise der Zügelführung werden die Zügel wie zuvor beschrieben in der linken Hand zusammengefaßt, mit dem Unterschied, daß der Hilfszügel der rechten Seite als Einzelzügel mit der rechten Hand geführt wird. Auch hierbei greift die rechte Hand von Zeit zu Zeit in den rechten Trensenzügel, um die Zügelhilfe für das Pferd zu verdeutlichen. Diese Art der Zügelführung ist bei Doma Vaquera Turnieren für junge Pferde vorgeschrieben.

Beim fortgeschrittenen Doma Vaquera Pferd, das nun lediglich mit zwei Kandarenzügeln geritten wird, werden beide Zügel in der linken Hand geführt, getrennt nur durch den kleinen Finger. In der täglichen Trainingspraxis werden

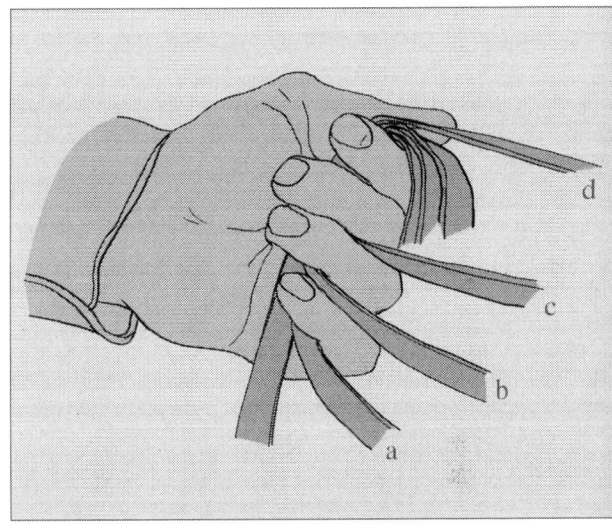

Führung von vier Zügeln in der linken Hand (traditionelle Zügelhaltung der Vaqueros beim jungen Pferd): a) Hilfszügel, linke Seite, b) Hauptzügel, linke Seite, c) Hauptzügel rechte Seite, d) Hilfszügel, rechte Seite

die beiden Zügel jedoch häufig durch zwei bis drei Finger getrennt, eine Vorgehensweise, die im Tunier nicht zugelassen ist. Die Zügel müssen beide gleich lang sein und ihre Wirkung darf niemals eine direkte, sondern muß stets eine indirekte sein. Eine Definition, die wir uns gleich etwas genauer ansehen wollen, da es sich dabei um eine Spezialität der Doma Vaquera handelt. Die Hand wird zur Hilfengebung nur leicht über dem Mähnenkamm hin- und herbewegt. Die rechte Hand greift nur ein, um das Zügelpaar - falls nötig - zu verkürzen.

Je nachdem auf welcher Seite und in welche Richtung der Zügel wirkt, führt er zu verschiedenen Reaktionen des Pferdes. Es handelt sich dabei um rein mechanische Zusammenhänge zwischen

Die Doma Vaquera und andere Reitdisziplinen

Korrekte Handhaltung bei der Zwei-Zügelführung: rechter und linker Zügel sind nur durch den kleinen Finger voneinander getrennt. Hier ist dieser in der Haltparade ausgestreckt, um gleichmäßige Spannung beider Zügel zu halten.

der Aktion des Zügels und der Bewegung des Pferdes, die wir uns verdeutlichen wollen, um die Zügelhilfen innerhalb der Doma Vaquera kennen zu lernen.

Der einfachste Effekt ist das **Öffnen des Zügels**. Diese Hilfe wird beim Reiten des ganz jungen Pferdes mit vier Zügeln in zwei Händen angewendet, um ihm das Wenden und Abbiegen beizubringen. Das „Zügelöffnen" besteht darin, den Zügel, der dem Pferd die Richtung weist, nicht anzuziehen, sondern seitlich in jene Richtung zu „öffnen", in die das Pferd gehen soll. Zu bedenken ist hierbei, daß diese Hilfe beim jungen Pferd in erster Linie auf die Serreta wirkt und erst sekundär auf die Trense zum Einsatz kommt! Durch aushaltende Zügelhilfe mit dem Außenzügel (um eine übermäßige Biegung des Halses zu verhindern) und entsprechende Schenkelhilfe des äußeren Schenkels (verwahrend hinter dem Gurt) wird das Pferd auf einen regelmäßig gerundeten, großen Kreisbogen gelenkt.

Die **direkte Zügelhilfe** wirkt ebenfalls auf jener Seite, in die wir reiten wollen, und besteht in einem Annehmen des Zügels bis zur Hüfte des Reiters parallel zur Achse des Pferdes. In Zusammenwirkung mit dem Außenzügel und den Schenkelhilfen führt auch die direkte Zügelhilfe zu einer Wendung, die jedoch enger ist und stärker gebogen durchritten wird.

Im Gegensatz zu den beiden vorgenannten Effekten gibt es die sogenannten **entgegengesetzten** oder **indirekten Zügelhilfen**. Diese wirken stets auf jener Seite, die der gewünschten Richtung des Pferdes entgegengesetzt ist (die Wirkung des rechten Zügels führt zu einem Abbiegen des Pferdes nach links und umgekehrt) und stellen die wichtigsten Zügelhilfen innerhalb der Doma Vaquera dar. Wichtigster Punkt dieser Zügelhilfe ist, daß sie,

Die Doma Vaquera und andere Reitdisziplinen

anders als in der klassischen Dressur, bei der das Pferd ja auch an den Außenzügel geritten werden muß, eine seitwärtstreibende Wirkung auf den Hals ausübt. In der Doma Vaquera bleibt also nicht jede Hand auf ihrer Seite des Mähnenkammes. Im Gegenteil, die Außenhand wird ganz bewußt um bis zu einer Handbreit über den Mähnenkamm versetzt, um durch das akzentuierte Anlegen des Zügels an den Hals die Schulter zum Seitwärtstreten zu veranlassen.

Die **indirekte Zügelhilfe** wird durch ein leichtes Anheben der Außenhand und einen Druck des Zügels gegen die äußere Halsseite des Pferdes ausgeführt. Diese Aktion führt zu einer Kreisbewegung des Pferdes ähnlich jener, die mit dem „Zügelöffnen" erreicht wird, wobei das Pferd jedoch leicht nach außen gestellt ist.

Die **indirekte, entgegengesetzte Zügelhilfe** ist die wichtigste innerhalb der Doma Vaquera. Sie wirkt schräg über den Hals des Pferdes in Richtung jener Schulter, in deren Richtung wir reiten wollen. Das Pferd vollführt eine enge Wendung in die der Zügelhilfe entgegengesetzte Richtung. Auch wenn ein ausgebildetes Doma Vaquera Pferd stets auf dem Außenzügel geritten wird, ist in der Ausbildungsphase ein **sorgfältiger Aufbau dieser Hilfengebung** notwendig. Zuerst muß das junge Pferd anhand des Innenzügels („Zügelöffnen", direkter Zügel) lernen, die korrekte Innenstel-

Suchbild: Was ist falsch an der Darbietung dieses perfekt sitzenden, seine Aufgabe korrekt reitenden Teilnehmers an einem Doma Vaquera Turnier? Richtig: seine Zügelführung! Das Einführen von vier Fingern zwischen die Zügel der rechten und linken Seite wird ihn sicherlich einige Punkte kosten!

lung einzunehmen und in die gewünschte Richtung zu gehen. Durch sukzessives Übernehmen der Hilfengebung mit dem Außenzügel (dies ist ein Prozeß, der sich über Monate und Jahre hinzieht!) lernt das Pferd schließlich, der lenkenden Hilfe des Außenzügels Folge zu leisten, und benötigt die Einwirkung des Innenzügels nur mehr zur andeutungsweisen Anzeige der Stellung. Dies ist die absolute Voraussetzung, um das Vaqueropferd einhändig mit der geringstmöglichen Zügelhilfe reiten zu können!

Abschließend sei noch einmal betont, daß ein Erlernen der indirekten Zügelhilfen, wie sie in der Doma Vaquera benützt werden, entscheidend durch die anfängliche Verwendung der Serreta oder zumindestens der Kandare mit vier Zügeln beeinflußt wird.

Die halbe Parade

Die halbe Parade in der Doma Vaquera ist ebenso wie in der klassischen Dressur ein Mittel, um die Versammlung des Pferdes zu erhöhen und es aufmerksam zu machen für die unmittelbar folgende Übung. Sie setzt sich aus einem wohl dosierten Zusammenspiel von treibenden (Sitz, Schenkel) und verhaltenden (Zügel) Hilfen zusammen. Die vorwärtstreibende Schenkel- und Sitzhilfe soll die Hinterhand vermehrt unter das Gewicht des Pferdes bringen, während die Barriere der Hand das Pferd veranlassen soll, sein Gewicht mit der Hinterhand zu übernehmen. Korrekt ausgeführt besteht die halbe Parade aus einem kaum merkbaren Aufrichten des Reiters, der damit sein Pferd in seine lediglich etwas fester als üblich geschlossene Hand schickt, eine Definition, die jedem klassisch ausgebildeten Dressurreiter sehr bekannt sein dürfte.

Doma Vaquera und Westernreiten: Gemeinsamkeiten und Unterschiede

Wie schon erwähnt stellt die Doma Vaquera die Ausgangsform sämtlicher Reitweisen dar, die sich auf dem amerikanischen Kontinent seit Ende des 15. Jahrhunderts entwickelten. Während die Reiterei in Europa stets ein Produkt politischer und modischer Erscheinungen war, stand bei den amerikanischen Reitweisen immer die Funktionalität im Vordergrund.

Als die spanischen Konquistadoren um 1500 auf dem mexikanischen Festland landeten, gab es auf dem gesamten Kontinent keine Pferde. Die spanischen Schlachtrösser, die Kolumbus, Cortes und die anderen Eroberer in langen Seereisen über den Atlantik brachten, verhalfen den weißen Männern zu einer schnellen und gründlichen Bezwingung der Indios. Im Laufe der Kolonisation

Die Doma Vaquera und andere Reitdisziplinen

Amerikas gründeten die Spanier sehr bald erfolgreiche Gestüte auf Jamaica, Santo Domingo, Kuba und in Nicaragua. Auch die portugiesischen Eroberer brachten ihre Pferde, die Lusitanos, in das wilde, unbekannte Land.

Innerhalb einer Generation war das südliche Amerika mit riesigen Wildpferdeherden bevölkert, die sich aus verwilderten Pferden der Kolonialisten in ihrer neuen Umgebung weiterentwickelten und bis in unsere Tage als Mustangs bekannt sind. Im Laufe der Jahrhunderte entstanden eigene amerikanische, jedoch stets auf dem ursprünglichen, iberischen Zuchtpotential basierende Rassen, wie der peruanische Paso, der Criollo, der Appaloosa, das Painthorse, der Pinto, das Quarterhorse und andere.

Mit den Spaniern und ihren Pferden kam auch die spanische Reitweise in die Neue Welt: die auf der Jineta basierende, spanische Kampfreiterei, die (wie wir ja wissen) ein enger Verwandter der Spanischen Doma Vaquera war. Die Konquistadoren brachten ihre mit hohen Vorder- und Hinterzwieseln ausgestatteten Sättel, die Kandaren mit ihren langen Anzügen und ihr reichverziertes Lederzeug mit nach Amerika. Der spanische Reitstil wurde zur vorherrschenden Reitweise in Südamerika, Mexiko, Panama und im westlichen Teil der Vereinigten Staaten. Der enge, ursprüngliche Zusammenhang der beiden Reitweisen läßt sich auch aus der Hierarchie der

Arbeit auf der Ranch.

berittenen Hirten des heutigen Kaliforniens erkennen. Hier ist die einfachste Form des Kuhhirten der *Cowpuncher*, der Kühetreiber im direkten Sinn des Wortes.

Ihm übergeordnet ist der *Cowboy*, der bereits mit komplizierteren Aufgaben der Weidearbeit befaßt ist. Einflußreichster und angesehenster Kuhhirte mit fast legendärem Ruf ist der sogenannte *Buckaroo* (abgeleitet vom spanischen Vaquero), der alle Details der Weidearbeit beherrscht und lehren kann.

Die Cowboys änderten im Laufe der Jahrhunderte den Vaquerosattel etwas ab, so kam beispielsweise vorne statt des spanischen Vorderzwiesels ein Horn für das Lasso, der Hinterzwiesel (*cantle*) wurde verkleinert, der Steigbügelriemen durch ein breites Lederblatt ersetzt (*fender*) und ein zweiter Gurt (*flank cincha*)

Die Doma Vaquera und andere Reitdisziplinen

hinzugefügt. Das Prinzip des bequemen, breitaufliegenden, auf jedes Pferd passenden Sattels mit tiefer Sitzfläche blieb jedoch im wesentlichen unverändert erhalten. Auch die Zäumung des Westernpferdes auf Kandare (*bit*) mit mehr oder weniger ausgeprägter Zungenfreiheit ist heute noch ähnlich der des Vaqueropferdes, wiewohl es in der Westernreiterei mehr Gebißvarianten gibt als in der Doma Vaquera. Auch gebißlose Zäumungen, wie klassische oder mechanische Hackamore, kommen zum Einsatz.

Was ist nun diesen beiden Reitweisen, die sich in so unterschiedlichen Gegenden über eine derart lange Zeit unabhängig voneinander entwickelten, gemeinsam?

Der wichtigste Punkt ist wohl, daß es sich bei beiden Reitweisen um eine ausschließliche Gebrauchsreiterei handelt, die für die Arbeit mit wildlebenden Rindern entwickelt wurde.

Dementsprechend sind sich die Mechanismen und Notwendigkeiten der beiden Reitweisen sehr ähnlich: schnelle Spurts, plötzliche Stops und abrupte Wendungen mit starker Untersetzung der Hinterhand.

Trotz dieser auf den ersten Blick augenscheinlichen Ähnlichkeiten ist bei näherer Betrachtung die Ausführung der einzelnen Aufgaben unterschiedlich.

So ist der Sitz des Vaqueros ein aufrechter, der, vergleichbar dem klassischen Dressursitz, stark an die Haltung der Krieger in der Jineta erinnert. Der Reiter belastet Schambein und die beiden Sitzknochen gleichstark.

Der Cowboy des 20. Jahrhunderts sitzt im Stuhlsitz auf seinem Pferd. Er belastet seine beiden Sitzknochen stärker als sein Schambein, dadurch kommen die Unterschenkel weiter vorne zu liegen als beim Vaquero.

Dieser Sitz führt dazu, daß das amerikanische Cowhorse auf eine andere Weise kontrolliert wird als das Vaqueropferd. Während der Vaquero sein Pferd unter starker Beizäumung über die Hinterhand kontrolliert, steuert der Cowboy sein Pferd bei weitgehend loser Zügelführung über die Schulter (aktive und passive Schulterkontrolle). Die Ursache dafür ist in der unterschiedlichen Art von Rindern zu sehen, mit denen die beiden Kuhhirten zu tun haben. Während das amerikanische Rind flieht und nur durch heftige „Hin- und Herbewegungen" des Pferdes vom Ausbrechen abgehalten werden kann (Cutting!), greifen die spanischen Wildrinder Pferd und Reiter an. Dies macht eine verfeinerte Reitweise des Vaquero nötig, um sein Pferd und letztlich auch sich selbst mit eleganten Seitengängen, Pirouetten oder blitzartigen Wendungen um die Hinterhand aus der Gefahrenzone zu bringen.

Der Cowboy steuert sein Pferd mit einem Schenkel („sendender" Schenkel), der dem Pferd die Richtung angibt,

Die Doma Vaquera und andere Reitdisziplinen

in die es gehen soll. Der zweite Schenkel wird vom Pferdebauch entfernt gehalten. Der Vaquero hingegen arbeitet dressurmäßiger mit einem Wechselspiel von beiden Schenkeln, einem „sendenden" und einem „empfangenden" Schenkel, der die Bewegung auffängt und reguliert.

Die starke Beizäumung des Vaqueropferdes legt nahe, daß die Steuerung und Kontrolle dieses Pferdes in Wendungen und Stops in erster Linie über die Hand des Reiters erfolgt. Der durchhängende, meist lose oder zumindestens lang geführte Zügel des Cowboys, der Richtungsänderungen durch sein bloßes Anlegen an den Hals signalisiert, macht eine verstärkte Lenkung des Pferdes durch den Sitz nötig. So werden beispielsweise die Stops aus dem Sprintgalopp in der Doma Vaquera mit starker Handeinwirkung durchgeführt.

Dies führt dazu, daß Vaqueropferde mit stark untergesetzter, rutschender Hinterhand stoppen, der Hals jedoch hochaufgerichtet, unter starker Beizäumung getragen wird und die Vorderbeine gestreckt, nach mehrmaligem Aufprallen auf den Boden zum geforderten Stop kommen. Betrachtet man dahingegen den *Sliding stop* der Westernpferde, so wird dieser (im Idealfall) mit losem Zügel geritten. Das Pferd läuft bei gedehntem Hals mit den Vorderbeinen noch einige Schritte weiter, während die stark untergesetzte Hinterhand mitrutscht.

Zusammenfassend kann gesagt werden, daß das Westernreiten die dynamischere Reitweise mit den stärkeren Tempodifferenzen und Richtungsänderungen ist, während die Doma Vaquera, in vieler Hinsicht eleganter, mehr Elemente der akademischen Reiterei in sich trägt.

	Doma Vaquera	Western
Sitz	aufrecht (Dressursitz)	leicht rücklastig (Stuhlsitz)
Schenkelhilfe	beide Schenkel (sendend, empfangend)	ein Schenkel (sendend)
Zügelhilfe	starke Beizäumung, indirekt	loser Zügel, indirekt
Kontrolle	über die Hand (Zügel)	über den Sitz (Gewicht)
Steuerung	über die **Kruppe**	über die **Schulter**
Ausführung	weniger dynamisch, elegant	sehr dynamisch, weniger elegant

Die ersten Exkursionen sollte das junge Pferd in Begleitung eines erwachsenen Führpferdes machen, das ihm Ruhe und Sicherheit vermittelt. Beachte: das Führpferd, ein fast weißer Pura Raza Española, wird mit zwei Zügeln geritten, während der jüngere, noch ziemlich dunkle Hengst noch auf vier Zügel gezäumt ist.

Die Ausbildung des Doma Vaquera Pferdes

Grundausbildung

In der Doma Vaquera gilt ebenso wie bei allen anderen Reitweisen das Prinzip, daß der unerfahrene Reiter stets auf einem erfahrenen, gut ausgebildeten Pferd lernen sollte. Das junge, noch „grüne" Pferd dahingegen soll von einem reiterlich schon erfahrenen Ausbilder gearbeitet werden.

Die größten Schwierigkeiten für Reiter und Pferd sind dort zu erwarten, wo ein Reitneuling mit einem jungen Pferd konfrontiert ist und sich gemeinsam mit diesem auf den Ausbildungsweg macht. Die folgenden Kapitel sind dazu gedacht, einem Reiter, der bereits über die Grundkenntnisse der Reiterei verfügt, die Grundzüge der Ausbildung eines Pferdes in der Doma Vaquera nahezubringen.

Sie werden erstaunt feststellen, daß viele der Übungen sich kaum oder gar nicht von jenen unterscheiden, die der klassische Dressurreiter mit seinem Pferd trainiert. Der Hauptunterschied liegt wie schon ausgeführt in der Zäumung und Sattelung des Doma Vaquerapferdes und in der speziellen Zügelführung des Vaquero.

Das Reiten auf blanker Kandare, das hierorts von den Freizeitreitern gerne als brutal verdammt wird, erlaubt, in Kombination mit der Führung des Pferdes ausschließlich über den Außenzügel, eine sehr fein dosierte Hilfengebung.

Voraussetzung dafür ist allerdings, daß das Pferdemaul nicht zuvor durch jahrelanges Reiten auf Trense und die typischen „Abspielbewegungen" des Reiters stumpf gemacht wurde und daß die Ausbildung langsam und schonend erfolgt.

Kaum ein Reiter macht sich bewußt, daß die schweißtreibenden, Arm- und Beinmuskeln fördernden Einwirkungen vieler Dressurreiter nicht nötig wären, wenn auf die Sensibilität des Pferdemauls in der ersten Ausbildungsphase mehr Rücksicht genommen würde.

Die Arbeit an der Longe

Die Arbeit mit einem jungen, rohen Pferd, das weder mit irgendeiner Form von Lederzeug noch mit der Hilfengebung durch den Menschen, ob vom Boden oder noch viel weniger von seinem Rücken aus, vertraut ist, ist immer eine heikle Angelegenheit. Sie erfordert große Geduld, Sensibilität und einiges an Erfahrung oder doch zumindest Lernbereitschaft des Ausbilders.

Jeder Ausbildung geht eine längere Angewöhnungsphase des Pferdes voraus, in der es mit Halfter und Führstrick vertraut gemacht wird und lernt, auf die menschliche Stimme und einfache Kommandos (wie Halt, Steh, Vorwärts) zu reagieren. In weiterer Folge, als erster Ausbildungsschritt, wird das Pferd longiert. Dabei lernt es nun erstmals den Kappzaum und seine Einwirkungen auf den Nasenrücken kennen. Es ist ein Irrglaube, anzunehmen, daß der relativ scharfe spanische Kappzaum (*serreton*) der Psyche oder dem Körper des Pferdes Schaden zufügt, vorausgesetzt allerdings er wird von einem einfühlsamen Ausbilder eingesetzt. Die Autoritätsprobleme oder Widersetzlichkeiten, die bei einem jungen Pferd (vor allem bei Hengsten) in der allerersten Ausbildungsphase immer wieder auftreten, können durch einen einmaligen, konsequenten, aber trotzdem gefühlvollen Einsatz des scharfen *serretons* leichter und endgültiger bereinigt werden als durch ständiges Zerren an den hierorts üblichen, stark gepolsterten Kappzäumen. Darüberhinaus wirkt jedes Annehmen oder Nachgeben der Longe sehr direkt auf den Nasenrücken des Pferdes - es lernt also die Kausalzusammenhänge zwischen Stimmkommando und der darauffolgenden Einwirkung auf die Nase sehr schnell und gründlich. Wie bei allen anderen Dingen auch, muß jedoch auch hier jeder Ausbilder selbst die Entscheidung treffen, welchen Kappzaumtyp er für sein Pferd für geeignet hält. Eine gute Beobachtungsgabe ist dafür unerläßlich!

In der ersten Longierphase lernt das Pferd, sich auf Befehl in den drei Grundgangarten in Bewegung zu setzen oder anzuhalten. Es werden Übergänge geübt und die Taktreinheit der Gänge sowie der Vorwärtsdrang des Pferdes entwickelt.

In weiterer Folge wird der Youngster schrittweise an den Sattel, den Schweifriemen, die baumelnden Steigbügel und die Trense gewöhnt. Der entscheidende Unterschied zum Longieren im deutschen Ausbildungssystem ist der, daß Doma Vaquerapferde ausschließlich ohne Ausbinder longiert werden. Die Longe wird im Kappzaum eingeschnallt und das Pferd in erster Linie dazu angehalten, sich in natürlicher Selbsthaltung, taktrein und ruhig in den Grundgangarten zu bewegen.

Ist dieses Ausbildungsziel erreicht, wird das Pferd erstmalig mit dem Reitergewicht belastet. Nach einer kurzen Gewöhnungsphase wird ab diesem Stadium bereits das Vierzügelsystem eingesetzt, das heißt, zusätzlich zum Trensenzügel wird das zweite Zügelpaar in die Seitenringe des Kappzaums eingeschnallt. Sobald der Reiter auf dem Jungpferd sitzt, nimmt er mit den Hilfszügeln vorsichtig Kontakt mit der Nase auf, die Trensenzügel bleiben locker und das Pferd wird in keiner Weise im Maul gestört. Der Longenführer longiert hierauf das Pferd in der bereits bekannten und bewährten Manier, der Reiter ist stets bemüht, das Pferd nicht zu behindern, und paßt sich seinen Bewegungen geschmeidig an.

Hat das Pferd erstmals das Reitergewicht akzeptiert und ausbalanciert und bewegt es sich unter dem Reiter ebenso wie ohne das ungewohnte Gewicht auf seinem Rücken, so wird der Reiter beginnen, Einfluß auf die Bewegungen seines Pferdes zu nehmen. In Kombination mit der Stimmhilfe des Longenführers gibt er (vorsichtige!) treibende Hilfen mit Schenkel und Sitz sowie verhaltende Hilfen mit den Hilfszügeln. Die Einwirkung der Hauptzügel beschränkt sich auf ein weiches Kontakthalten mit dem Pferdemaul. Die Hilfszügel spielen in dieser ersten Phase eine wichtige Rolle, da dem Pferd durch den Kappzaum die Einwirkung auf den Nasen-

Die Ausbildung des Doma Vaquera Pferdes

Das Doma Vaquera Pferd wird ohne Hilfszügel longiert. Es lernt, sich in natürlicher Selbsthaltung, taktrein und ruhig in allen Gängen zu bewegen.

rücken bereits vertraut ist und es gelernt hat, darauf zu reagieren. Nur schrittweise wird der Trensenzügel hinzugenommen, um im Hirn des Pferdes zu einer Verknüpfung der beiden verschiedenen Zügelwirkungen zu führen.

Von Anfang an wird in der Doma Vaquera die Hilfengebung feinst dosiert, um das Pferd sensibel zu erhalten. Der Vaquerosattel ebenso wie der spanische Sattel läßt Leichttraben nur bedingt zu, daher wird das Vaqueropferd bereits sehr früh ausgesessen. Ebenfalls zu einem sehr frühen Zeitpunkt, nämlich noch an der Longe, wird mit der Galopparbeit unter dem Reiter begonnen, wenn

auch anfangs nur in kurzen Reprisen. Sukzessive übernimmt der Reiter nun die Führung des jungen Pferdes, der Longenführer beschränkt sich auf unterstützende Einwirkung im Fall von Schwierigkeiten. Seine wichtigste Aufgabe ist es, die Vorwärtsbewegung des Pferdes aufrecht zu erhalten, um keine Verzögerungen und Veränderungen im Rhythmus aufkommen zu lassen.

Im Endstadium der Longenarbeit wird das Pferd von seinem Reiter an die Dimensionen der Reitbahn gewöhnt. Dazu führt der Reiter das Pferd an die Wand des Vierecks hinaus und reitet neben der Kreisbewegung auf dem Zirkel auch immer wieder ganze Bahn. Dies bedeutet zwar für den Longenführer ein gutes Stück Fußarbeit, da er mit dem Tempo des Pferdes mithalten muß, ohne durch Ziehen an der Longe das Pferd zu stören. Diese Arbeit hat jedoch den Vorteil, daß damit am Ende der Ausbildungsphase an der Longe das Pferd praktisch keine Probleme mehr hat, von seinem Reiter auf geraden Linien und durch weite Wendungen (Zirkel) geführt zu werden, auch dann nicht, wenn in Phase zwei die Longe weggelassen wird.

Fassen wir die Ausbildungsschritte der Phase eins nochmals kurz zusammen:

Vorbereitung:
- Gewöhnung des Pferdes an Halfter und Führstrick
- Vertrauensbildung
- Gewöhnung an die Stimme und kurze Kommandos

Longenarbeit ohne Reiter:
- ruhige, taktreine Bewegung in Schritt, Trab und Galopp
- Übergänge zwischen den Gangarten auf Zuruf
- Anhalten auf Zuruf
- Gewöhnung an Sattel, Schweifriemen und Steigbügel
- Gewöhnung an die Trense

Longenarbeit unter dem Reiter:
- Gewöhnung des Pferdes an das Reitergewicht (ohne Zügel)
- Herstellung einer Korrelation zwischen den Hilfen des Longenführers (Stimme, Kappzaum und Peitsche) und den Schenkel-, Zügel- und Sitzhilfen des Reiters
- Reiten in den drei Grundgangarten mit vier Zügeln (Einwirkung in erster Linie über den Hilfszügel der Serreta)
- Übernahme der Führung des Pferdes durch den Reiter, schrittweise Reduktion der Einwirkung des Longenführers
- Reiten in der ganzen Bahn

Die Basisarbeit des gerittenen Pferdes

Mit der vorausgegangenen Arbeit, deren zeitlicher Horizont sich nach der Veranlagung des Pferdes richtet und demgemäß sehr unterschiedlich ausfallen kann, haben wir einen Grad an Einwirkung auf das Pferd erreicht, der es uns erlaubt, mit ihm nun ohne Longe in der Reitbahn zu arbeiten. Es wird sich zwar als nützlich erweisen, auch das bereits gerittene Pferd von Zeit zu Zeit zu longieren (zur Korrektur oder um den Stallübermut verrauchen zu lassen), prinzipiell jedoch sollte das Pferd von diesem Zeitpunkt an täglich geritten werden.

Die anfängliche Hauptaufgabe des Reiters liegt darin, das Pferd so wenig wie möglich zu behindern, ohne jedoch Eigenmächtigkeiten zuzulassen, die zu schlechten Angewohnheiten oder Fehlern führen können. Dies beginnt bereits beim Auf- und Absitzen. Das Pferd hat beim Aufsteigen des Reiters absolut stillzustehen und sich erst auf das Kommando des Reiters hin in Bewegung zu setzen - eine simple Forderung, die jedoch nur allzuhäufig ignoriert wird.

Die obligatorischen vier Zügel werden in diesem Anfangsstadium stets in zwei Händen geführt, das Pferd ist anfangs noch auf Trense gezäumt. Mit fortschreitender Anlehnung des Pferdes, wenn es den Hilfen des Reiters bereitwillig Folge leistet, wird die Trense gegen die Vaquerokandare ausgetauscht. Der Zeitpunkt dieses Tausches hängt von der persönlichen Methode und Fähigkeit des Ausbilders ebenso ab wie von der Auffassungsgabe und Mitarbeitsbereitschaft des Pferdes. Keinesfalls ist es angebracht, zu früh mit der Arbeit auf Kandare zu beginnen! Ein wichtiges Kriterium zur Erkennung des richtigen Zeitpunktes ist die Forderung, daß das Pferd „an den Hilfen stehen" soll: seine Gänge müssen taktrein und ungebunden sein, die Anlehnung an die Reiterhand ungebrochen vorhanden und die Schubkraft aus der Hinterhand ausreichend ausgeprägt. Im Durchschnitt wird dieser Zeitpunkt nach etwa einem Jahr konsequenter Ausbildung erreicht sein. Nichtsdestotrotz schnallen viele Vaqueros ihren Pferden die Kandare um einiges früher in den Zaum, meist ohne negative Folgen. Es kann hier demnach kein Patentrezept für den korrekten Zeitpunkt für den Umstieg auf die Kandare gegeben werden. Erfahrung, Fingerspitzengefühl und gute Beobachtungsgabe des Reiters sind die besten Entscheidungshilfen in diesem Dilemma. Oft wird mit dem Umstieg auf die Kandare der Hilfszügel in die Kandarenaugen eingeschnallt und die Serreta gegen die Serreta occulta ausgetauscht, jenem Eisenstück unter dem Nasenriemen des Pferdes, das eine ähnliche Wirkungsweise wie die Serreta aufweist, dies jedoch in abgeschwächter Form.

Die Zügel werden zunächst direkt eingesetzt auf jener Seite, in die das Pferd gehen soll, wobei der Außenzügel leichten Kontakt hält und kontrollierend bei Biegungen und Wendungen wirkt. Mit zunehmender Ausbildung übernimmt der Außenzügel eine zusehends gesteigerte Bedeutung und zwar in der Form, daß er den direkten Zügel in seiner Wirkung unterstützt und in Wendungen an die Außenseite des Halses angelegt wird. Langsam und schrittweise wird so die Führung des Pferdes vom Innen- auf den Außenzügel übergehen und der innere Zügel seine Bedeutung nur mehr in der Stellung und Biegung des Pferdes haben. Die Stellung wird dann vom inneren Serretazügel gegeben, während die Führung des Pferdes über den äußeren Kandarenzügel erfolgt. Erst am Ende der Ausbildungsphase zwei wird die klassische Vierzügelführung der Vaqueros übernommen: drei Zügel in der linken Hand, der rechte Hilfszügel in der rechten Hand des Reiters (s. S 66ff.). Wichtig in diesem Zusammenhang ist es, sich vor Augen zu führen, daß dieser Prozeß ein langsamer ist und nicht übereilt werden darf. Jede Überforderung des Pferdes muß strikt vermieden werden, sonst schleichen sich Fehler ein, die nur unter Schwierigkeiten korrigiert werden können.

Doch sind wir unserer Zeit mittlerweile voraus! Lassen Sie uns also zum Beginn zurückkehren. Erinnern wir uns: wir sitzen auf einem frisch angerittenen Pferd, gezäumt auf Trense und Serreta, und reiten zum ersten Mal frei in der Bahn.

Anreiten und Anhalten

An erster Stelle muß sich der Reiter versichern, daß sein Pferd die elementaren Hilfen des Anreitens und Anhaltens beherrscht. Die Vorarbeit dafür wurde bereits an der Longe geleistet, nun geht es darum, diese Übungen zu intensivieren und zu automatisieren.

Das Pferd soll sich im Schritt frei vorwärts bewegen, ohne die einschränkende Wirkung der Zügel, die nur zu einer Verkürzung der Schrittempi führen würde. Es ist daher angezeigt, im Schritt nur einen sehr feinen Kontakt mit der Hand zur Pferdenase und zum Pferdemaul zu halten. Unter keinen Umständen darf durch exzessiven Einsatz der Serreta der Kopf des Pferdes in eine zu frühe und zu diesem Zeitpunkt absolut unangebrachte Versammlungshaltung gezwungen werden. Der Schritt des Pferdes und seine Ungebundenheit wird damit auf Lebenszeit zerstört!

Um anzuhalten richtet sich der Reiter auf, verlagert seinen Schwerpunkt etwas nach hinten, legt beide Schenkel an und läßt das Pferd in die angestellten Zügel laufen. Sobald das Pferd steht, setzt der Reiter sich entspannt hin und lobt das Pferd.

Es kann nicht von Anfang an erwartet werden, daß das Pferd perfekt geradegestellt und im Gleichgewicht steht. Dies sind Forderungen, die erst mit der Zeit gestellt werden können. Nichtsdestotrotz soll auch das junge Pferd in der Parade mit der Kruppe nicht ausweichen und sich nicht gegen die Handeinwirkung sträuben.

Die Grundgangarten

Die wichtigste Gangart in der Grundausbildung des Doma Vaquera Pferdes ist der Trab. Auch wenn diese Gangart später nicht mehr verlangt wird, spielt sie während des Trainings die Hauptrolle, um das Gleichgewicht, die Anlehnung, die Flexibilität und die Geraderichtung des jungen Pferdes zu entwickeln. Es gibt Autoren (Ramos Paúl, Klimke), die sogar empfehlen, erst dann mit der Schrittarbeit zu beginnen, wenn das Pferd all diese

Schritt am langen Zügel.

Fähigkeiten im Trab erlangt hat. Geritten wird in erster Linie der Arbeitstrab.

Der Schritt (vorzugsweise am langen Zügel) sollte ausschließlich zum Aufwärmen und Abreiten des Pferdes oder im Gelände verwendet werden, um seine Regelmäßigkeit und Vorwärtstendenz nicht zu zerstören.

Der Galopp in der Bahn wird mit dem jungen Pferd erst dann geritten, wenn das Pferd die elementaren Hilfen perfekt beherrscht und sich aus Schritt und Trab willig durchparieren läßt. Das erste Angaloppieren wird durch ein mäßiges Verstärken des Trabes erzielt, da es dem Pferd leichterfällt, aus dem schnelleren Trabtempo anzugaloppieren als aus dem Arbeitstrab. Vorzugsweise sollte in der Ecke angaloppiert werden, da die Biegung des Pferdes in der Ecke des Platzes ein Einspringen auf der richtigen Hand begünstigt. Reagiert unser Pferd heftig und stürmt davon, so führt es der Reiter mit dem Hilfszügel (!) auf einen großen Zirkel und beruhigt es mit der Stimme. Niemals - auch nicht in einer kritischen Situation- darf am Trensenzügel gezogen werden. Die Serretazügel erleichtern es dem Reiter, dieser Forderung Folge zu leisten, da sie auch ohne Verbindung zum Pferdemaul eine verhaltende Einwirkung auf das Pferd erlauben.

Die Hilfe zum korrekten Angaloppieren wird in der Doma Vaquera ebenso wie in der klassischen Dressur gegeben. Zunächst erfolgt eine halbe Parade, um die Aufmerksamkeit des Pferdes zu erlangen. Die Stellung des Pferdes wird durch den inneren Serretazügel angegeben, der äußere Trensenzügel verhindert eine übermäßige Biegung des Pferdehalses. Der äußere Schenkel liegt leicht hinter dem Gurt, um ein Ausfallen der Kruppe zu verhindern.

Durch einen verstärkten Druck des Innenschenkels in Kombination mit einem Vorwärtsschub des inneren Sitzknochens des Reiters wird das Pferd zum Einspringen gebracht. Wichtig ist, daß unsere Zügel den Kontakt mit dem Pferdemaul nicht aufgeben, da sonst das Pferd nur die Trabtritte beschleunigen würde.

Der Sitz des Reiters muß während der gesamten Galoppreprise beibehalten werden und jeder Galoppsprung erneut gefordert und unterstützt werden. Springt unser Pferd im Außengalopp ein, parieren wir es durch, beruhigen es und beginnen die Übung von neuem. Sobald es unseren Bemühungen Folge leistet und im Handgalopp angaloppiert, parieren wir nach einigen Sprüngen zum Schritt durch und gönnen ihm am langen Zügel eine kleine Pause.

Wichtigstes Ziel der Galopparbeit ist in diesem Stadium ein regelmäßiger, ruhiger Arbeitsgalopp, der von uns nach Belieben in jeder Ecke auf beiden Händen ausgelöst werden kann.

Handwechsel

Jedes Pferd sollte in allen Gangarten auf beiden Händen gearbeitet werden, um beide Körperhälften gleichermaßen zu trainieren. Die häufigste Form des Handwechsels ist der „Wechsel durch die ganze Bahn", der entsprechend den Vorschriften in der klassischen Dressur vom Ausritt der zweiten Ecke der kurzen Seite zum Einritt in die diagonal gegenüberliegende erste Ecke der anderen kurzen Seite geritten wird.

Vor Augen halten sollten wir uns, daß es in der Doma Vaquera keine Buchstaben im Viereck gibt und der Wechsel durch die ganze Bahn je nach Reiter mehr oder weniger steil ausfällt. Die Diagonale durch die Bahn muß gerade geritten werden.

Knapp vor Erreichen der zweiten Ecke wird das Pferd umgestellt, der neue Außenzügel übernimmt die Führung, der neue Innenschenkel verstärkt seine Einwirkung. Wird der Handwechsel im Leichttrab vollzogen, so muß der Reiter bei X umsitzen.

Weitere gebräuchliche Übungen, um die Hand zu wechseln, sind „Aus der Ecke kehrt" und „In die Ecke kehrt", die ebenso geritten werden wie in der klassischen Dressur. Um diese Übungen jedoch korrekt ausführen zu können, muß unser Pferd erst lernen, sich zu biegen und gebogen durch Wendungen zu gehen, was im folgenden Abschnitt besprochen werden soll.

Ecken, Wendungen und Zirkel

Das Durchreiten der Ecken der Reitbahn stellt eine perfekte Vorbereitung auf sämtliche Wendungen, Handwechsel und Zirkel dar.

Um eine Ecke korrekt durchreiten zu können, ist es wichtig, schrittweise vorzugehen. Anfangs kann vom Pferd noch nicht verlangt werden, in stärkerer Biegung tief in die Ecke hineinzutreten. Damit würde nur erreicht werden, daß die Kruppe nach außen ausweicht oder die Schulter nach innen wegfällt. Zu Beginn wird man daher die Ecke möglichst „abkürzen" und sie eher in Form eines Viertelzirkels durchreiten. Wichtig ist das Zusammenspiel der beiden Zügelpaare und der Schenkel. Vor der Ecke wird das Pferd gut vorwärtsgeritten und gleichmäßiger Kontakt mit allen vier Zügeln gehalten. Beim Einreiten in die Ecke zeigt die innere Hand die Richtung der Stellung an, während der innere Schenkel seine treibende Wirkung beibehält und quasi die Achse darstellt, um die das Pferd sich (anfangs nur leicht) biegen soll. Der leicht zurückgenommene Außenschenkel verhindert ein Ausfallen der Kruppe und veranlaßt das äußere Hinterbein zum Vortreten. Der äußere Zügel begrenzt die äußere Schulter und hält sie auf der vorgegebenen Linie.

Nach dem gleichen Prinzip werden 90-Grad-Wendungen von der Bande weg geritten, wobei man sich besonders auf die zweite Phase der Wendung konzentrieren muß, da hier die Begrenzung des Pferdes durch die Wand wegfällt.

Sobald das Pferd diese Übung beherrscht, kann mit dem Reiten von Zirkeln begonnen werden. Zunächst reitet man den Zirkel mit einem Durchmesser von 20 Metern. Im Laufe der Zeit können auch kleinere Zirkel ausgeführt werden, wobei der Durchmesser des kleinsten, in der Doma Vaquera üblichen Zirkels etwa 10 Meter beträgt. Volten (sogenannte kleine Touren) werden in der Doma Vaquera nicht geritten. Während die ersten Zirkel ausgehend von den Ecken geritten werden sollen, um dem Pferd soviel Begrenzung wie möglich zu bieten, können später Zirkel an jedem beliebigen Punkt in der Reitbahn gefordert werden. Zunächst werden Wendungen und Zirkel im Schritt und im Trab geübt. Erst später wird der Galopp miteinbezogen. Es gibt Reiter, die zur Verdeutlichung der Hilfengebung in den ersten Wendungen eine Gerte zur Hilfe nehmen, die sie an der Außenseite des Pferdes am Hals oder sogar am Kopf anlegen, um das Pferd zum Ausweichen und damit zum Wenden zu bewegen. Meiner Ansicht nach ist dieses Hilfsmittel nicht vonnöten, wenn die Basisarbeit an der Longe unter dem Reiter korrekt und ausdauernd erfolgt ist. Ist das Reiten der Zirkel auf beiden Händen erst einmal in das Repertoire unseres Pferdes aufgenommen und

gibt es keine Schwierigkeiten mehr bei der Biegung in beide Richtungen, so können Handwechsel in Form einer Acht („Aus dem Zirkel wechseln") in den Übungsplan miteinbezogen werden. Anfangs wird die Umstellung des Pferdes von einer Hand zur anderen noch einen längeren Zeitraum in Anspruch nehmen und die Acht daher eine sehr flache Mittelachse aufweisen, bald jedoch wird die Umstellung auf eine kürzere Strecke vor und nach X beschränkt sein. Geritten werden sollte diese Figur vorläufig ausschließlich im Schritt und Trab, da das Pferd zu diesem Zeitpunkt sowohl vom Außengalopp als auch von einfachen Galoppwechseln überfordert wäre.

Seitliches Biegen
Mit der Zeit wird das Jungpferd eine gewisse Routine in seiner täglichen Arbeit entwickeln und Vertrauen in die Hand und den Sitz seines Reiters bekommen. Um die Kontrolle des Kopfes und des Halses des Pferdes noch auszubauen, wird in der Doma Vaquera eine einfache, aber äußerst wirksame Übung eingesetzt: das seitliche Biegen.

Diese Übung kann zu Beginn vom Boden aus durchgeführt werden, meist jedoch bereitet es keine Schwierigkeiten, vom Pferd aus den ersten Versuch zu wagen. Es handelt sich dabei um ein seitliches Abbiegen des Halses auf beide Seiten, wobei das Pferd unbeweglich stehen bleiben soll. Dazu wird das Zügelpaar einer Seite verstärkt angenommen, langsam und ohne zu zerren, während das zweite Zügelpaar nachgibt. Kommt das Pferd unserem Verlangen nach und biegt den Hals, streicheln wir es und wiederholen die Übung beidseits noch einige Male.

Hat das Pferd diese vorbereitende Übung erst einmal verstanden, so wird es keine Probleme bereiten, ihm die eigentliche Seitbiegung beizubringen. Diese besteht in einer leichten Seitwärtsbewegung des Kopfes zu beiden Seiten. Gebogen werden soll hier nicht der Hals, sondern die Achse Hals-Kopf im Bereich des Genicks. Diese Arbeit verbessert den Gehorsam des Pferdes und seine Flexibilität im gesamten Hals-Kopf-Bereich sowie durch das Nachgeben des Unterkiefers auch seine Durchlässigkeit gegenüber den Zügelhilfen. Wir sind damit auf dem besten Weg zu einer guten, weichen Anlehnung des Pferdes an die Reiterhand. Sollte das Pferd bei den ersten Versuchen Widersetzlichkeiten zeigen oder die Aufgabe nicht verstehen, so muß sanfte Überredungskunst angewendet werden. Man hält weiche Spannung mit dem biegenden Zügel und gibt diesem Zügel leichte Impulse durch Nachlassen und Erhöhen des Zügeldrucks. Geduld trägt auch in diesem Fall Rosen: irgendwann gibt selbst das eigenwilligste Pferd nach und läßt seinen Kopf seitwärts ziehen (wohl-

Die Ausbildung des Doma Vaquera Pferdes

Arbeitstrab auf dem Abreitplatz vor dem Turnier

gemerkt nicht am Trensenzügel, sondern am Hilfszügel der Serreta!).

Setzt sich das Pferd in Bewegung und wendet seinen ganzen Körper in die Richtung des biegenden Zügels, so muß es erneut geradegestellt werden und mit beiden Schenkeln geradegehalten werden. Als stärkere Begrenzung kann auch eine Wand herangezogen werden, gegen die das Pferd längsseits, in etwas Abstand, gestellt wird. Die Biegung des Kopfes wird dann zur Wand hin vorgenommen und unser Pferd lernt, daß es in diesem Fall dem Zügel nicht mit dem ganzen Körper, sondern nur durch leichtes, seitliches Nachgeben im Genick Folge leisten soll. Auch den Versuchen des Pferdes, sich rückwärts der Halsbiegung zu entziehen, muß auf das Entschiedenste entgegengetreten werden. Ein energisches Anlegen der Schenkel und ein bestimmtes „Nein" aus dem Mund des Reiters verdeutlichen unserem vierbeinigen Freund schnell, daß dies die falsche Reaktion war. In der Regel bereitet die seitliche Biegung keinerlei Probleme. Im Gegenteil: das Pferd lernt, im Unterkiefer nachzugeben, und die Flexibilität und Weichheit des Nacken-Hals-Bereiches wird entscheidend verbessert.

Übergänge und Verstärkungen
Um die Durchlässigkeit des Pferdes gegenüber den Hilfen des Reiters zu verbessern, ist ein häufiges Reiten von Übergängen zwischen den drei Grundgangarten nützlich. Vorläufig sollten diese Übergänge jedoch nur zur nächsthöheren oder nächstniedrigeren Gangart gefordert werden: Schritt-Trab, Trab-Galopp, Galopp-Trab, Trab-Schritt. Das Angaloppieren aus dem Schritt oder das Antraben aus dem Halt ebenso wie das Parieren vom Galopp zum Schritt und vom Trab zum Halt erfordert bereits eine erhöhte Versammlung des Pferdes, die erst langsam erarbeitet werden muß. Die oben erwähnten Übergänge sind ein wichtiger Schritt auf diesem Weg, da sie (vorausgesetzt sie werden korrekt geritten) die Hinterhand des Pferdes ein Stück weiter unter den Schwerpunkt bringen. Dazu müssen aber die Paraden in guter Aufrichtung und unter deutlicher Kreuz- und Schenkeleinwirkung des Reiters ausgeführt werden.

Bis zu diesem Zeitpunkt haben wir unser Pferd im Arbeitstempo getrabt, einem mittleren Tempo, das etwas über der vom Pferd selbst angebotenen Taktfolge lag. Der Schritt (*Paso castellano*) war ein rhythmischer, in leichter Anlehnung gerittener Mittelschritt oder der freie Schritt am Anfang und Ende der Trainingseinheit. Darüberhinaus sind wir bedacht galoppiert und haben im Arbeitsgalopp die Regelmäßigkeit, Ruhe und Schubkraft des Pferdes verbessert. Noch ist unser Pferd nicht versammelt, sehr wohl aber weist es eine gute Anlehnung auf und reagiert bereitwillig auf Sitz- und Schenkelhilfen.

Nun ist der Zeitpunkt gekommen, um mit Verstärkungen in den drei Grundgangarten zu beginnen. Eine Verstärkung besteht nicht darin, daß das Pferd „schneller läuft", wie man es nur allzuhäufig fälschlicherweise in den Doma Vaquera Turnieren zu sehen bekommt, sondern darin, daß es seinen Tritt einige Schritte lang erweitert, ohne den vorherigen Rhythmus zu verlieren.

Auch hier divergieren die Meinungen, in welcher Gangart die Übung der Verstärkung begonnen werden soll. Da grundsätzlich der Schritt so spät wie möglich in Anlehnung geritten werden soll, bietet sich als erste Verstärkung die des Trabes an.

Geritten wird die Trabverstärkung idealerweise auf der Diagonalen des Vierecks, da diese eine genügend lange Strecke aufweist, um den geforderten Schwung und Raumgriff langsam entwickeln zu können. Wichtig ist ein vermehrtes Untersetzen der Hinterhand, aus der sich ja der Schub entwickeln soll, um die Tritte verlängern zu können. Es ist leichter, die Trabverstärkung im ausgesessenen Trab zu erarbeiten, da der Reiter über den Sitz und die Schenkel eine bessere Kontrolle über die Hinterhandaktion hat. Die Verstärkung im Leichttrab führt nur allzuschnell zu einer Beschleunigung des Tempos, wobei das Pferd jedoch auf der Vorderhand läuft und die Hinterhandtätigkeit nur mäßig ausgeprägt ist.

Anfangs verlangen wir nur wenige Tritte im verstärkten Trab und nehmen daraufhin das Tempo gefühlvoll zurück, ohne den Trabtakt zu verlieren. Wichtig ist es, die Übergänge ruhig und flüssig zu reiten und während der verstärkten Tritte dem Pferd etwas mehr Kopf- und Halsfreiheit zu gewähren, damit es seinen Hals dehnen kann. Wiederholte Übungen dieser Aufgabe über einen längeren Zeitraum hinweg werden es uns ermöglichen, bald zu einem ausgreifenden Trab zu finden, der als „starker Trab" in der Doma Vaquera in etwa dem Mitteltrab der klassischen Dressur entspricht. Die Beherrschung dieser Übung wird in den ersten Prüfungen für junge Pferde schon vorausgesetzt.

Nach dem gleichen Prinzip, nach dem wir uns die Trabverstärkung erarbeitet haben, werden wir nun auch die Verstärkung des Galopps üben. Voraussetzung dafür ist, daß unser Pferd losgelassen und in Selbsthaltung im Arbeitsgalopp geht. Auch hier soll lediglich die Weite des Galoppsprungs vergrößert werden, ohne jedoch den Rhythmus des Galopps zu beschleunigen. Die Bewegung soll nicht flacher werden, sondern „bergauf" gehen, also mit tieferer Kruppe. Das Zurücknehmen in den Arbeitsgalopp muß mit besonderer Vorsicht erfolgen, um das Pferd nicht irrtümlicherweise zum Trab durchzuparieren.

Als letzte Verstärkung wird der starke Schritt geübt. Voraussetzung dafür ist, daß das Pferd in Trab und Galopp sicher am Zügel geht. Erst dann soll jener Kontakt mit der Pferdenase oder dem Pferdemaul aufgenommen werden, der es uns erlaubt, das Tempo des Schritts zu kontrollieren. Ziel der Schrittverstärkung ist es, ein kraftvolles Übertreten der Hinterhand über die abfußende Vorderhand zu erreichen, wobei die Vorderbeine etwas weiter ausgreifen. Um dies zu bewirken, muß das Pferd gut vorwärtsgeritten sein, der Kontakt der Schenkel zum Pferdeleib vorhanden und der Sitz des Reiters aufrecht sein. Nun erlaubt ein leichtes Vorgehen der Hand (jedoch ohne daß der Kontakt aufgegeben wird!) eine Streckung des Pferdehalses und ein weiteres Ausgreifen der Pferdeextremitäten. Um ein Antraben des Pferdes zu verhindern, müssen wir das Wechselspiel zwischen treibender und verhaltender Hilfe sehr sensibel gestalten und jede Aufregung des Pferdes vermeiden.

Die Ausbildung des Doma Vaquera Pferdes

Rückwärtsrichten

Es liegt in der Verantwortung des Reiters zu erkennen, wieviel Verstärkung er zu diesem Ausbildungszeitpunkt von seinem Pferd verlangen kann. Jedes Zuviel ist ungünstig und führt uns von unserem Weg ab. Mit steigender Übung werden die Verstärkungen deutlicher und die Übergänge problemloser geritten werden können.

Die Parade

Die ersten Halt-Paraden, die wir mit unserem Pferd durchführten, stellten ein reines Anhalten dar, wobei auf die Stellung und Haltung des Pferdes nur relativ wenig Wert gelegt wurde. Mit fortschreitender Entwicklung erhalten auch die Paraden einen anderen Stellenwert in unserer Arbeit. Das Pferd soll in einer korrekten Parade auf allen vier Beinen gleichermaßen stehen, ohne ein Bein herauszustellen. Die Hinterhand soll unter den Körper gesetzt sein und einen Teil seines Gewichtes übernehmen. Dies erreichen wir, indem wir uns um zu parieren aufrichten, beide Schenkel gleichmäßig an den Pferdekörper heranbringen und durch leichtes Annehmen der Zügel das Pferd zum Anhalten bewegen. Vor der ganzen Parade wird stets eine halbe Parade geritten, um das Pferd aufmerksam zu machen und leicht zu versammeln. Das verstärkte Aufrichten, aus dem heraus durch ein betontes Ausatmen des Reiters ein noch tieferer Sitz erreicht werden kann, bringt gemeinsam mit der beidseitigen Schenkelhilfe die Hinterhand unter das Gewicht des Pferdes. Dadurch erreichen wir eine ausbalancierte Haltparade in schöner Selbsthaltung unseres Pferdes. Solange wir ruhig sitzen und die Spannung unseres Körpers aufrecht erhalten, soll auch das Pferd ruhig und aufmerksam auf unseren nächsten Befehl warten. Vorerst wird aus der Haltparade nur im Schritt angeritten. Stärkere Tempounterschiede wie Antraben oder gar Angaloppieren aus dem Halten werden erst im Lauf der Zeit in den Ausbildungsplan miteinbezogen.

Rückwärtsrichten

Im Rückwärtsrichten bewegt sich das Pferd mit den diagonalen Beinpaaren alternierend rückwärts. Die Rückwärtsbewegung soll auf gerader Linie mit gut untersetzender Hinterhand erfolgen. Weder die Vorderhand noch die Hinterhand darf von dieser Linie abweichen. In der Parade muß das Pferd an der Hand stehen, willig im Genick nachgeben und einen Teil seines Gewichtes mit der Hinterhand übernehmen, was wir an der stärkeren Hankenbeugung erkennen können. Im Rückwärtsrichten erwarten wir nun vom Pferd eine noch stärkere Hankenbeugung als in der Parade. Es soll mit gesenkter Kruppe in schöner Anlehnung rückwärts treten. Gewiß keine leichte Aufgabe für unseren Freund, noch dazu wo es sich dabei um eine für Pferde absolut unnatürliche Gangart handelt.

Wie können wir nun unserem Pferd klarmachen, was wir von ihm erwarten?

Ein relativ einfacher Weg ist es, mit einem Helfer zu Fuß zu arbeiten. Das junge Pferd wird an einer Wand durchpariert und der Helfer stellt sich direkt vor seinen Kopf. Er greift in die Serretazügel und schiebt das Pferd sanft aber bestimmt zurück, nicht ohne das dazugehörende Stimmkommando „Zurück" zu geben. Der Reiter erleichtert etwas seinen Sitz, indem er den Oberkörper leicht nach vorne nimmt, und stellt eine leichte Spannung mit den Trensenzügeln her. Sobald das Pferd den ersten Schritt in die richtige Richtung gemacht hat, wird es gelobt und sofort wieder vorwärts geritten (im Schritt oder Trab). Dieser Vorgang wird an verschiedenen Stellen des Vierecks wiederholt, wobei größter Wert darauf zu legen ist, daß unmittelbar an die Rückwärts- eine Vorwärtsbewegung anschließt. Schön langsam wird das Pferd die Aktion des Helfers mit der seines Reiters synchronisieren und bald allein durch die Reiterhilfen zum Rückwärtstreten zu bewegen sein. Anfangs leistet uns hier die Stimme noch eine gewisse Hilfe.

Viele Reiter lehren ihr Pferd das Rückwärtstreten, indem sie mit alternierenden Bein- und Zügelhilfen jeweils nur ein diagonales Beinpaar des Pferdes ansprechen. So wird durch ein Anlegen des linken Schenkels und gleichzeitiges Annehmen des rechten Zügelpaares das Beinpaar links-hinten, rechts-vorne zum Zurücktreten animiert. Bei umgekehrter Hilfengebung tritt das entgegengesetzte Beinpaar zurück. Diese Methode kann jedoch dazu führen, daß das Pferd lernt, mit der Kruppe auszuweichen und sich in Form einer Schlängelbewegung rückwärts zu bewegen. Hier ist also besondere Vorsicht geboten!

Die Bedeutung, die das unmittelbar auf die Rückwärtsbewegung folgende Anreiten in der Doma Vaquera hat, erklärt sich daraus, daß das Rückwärtsrichten hier keine isolierte Übung ist, sondern stets von einer je nach Gangart mehr oder weniger impulsiven Vorwärtsbewegung abgeschlossen wird. Dieser kraftvolle Übergang zwischen den beiden entgegengerichteten Bewegungen unterstützt den Gehorsam des Pferdes auf unsere Hilfen und hat seinen Ursprung in der Feldarbeit mit den Rindern. Hier muß das Pferd fähig sein, sich rückwärts aus der Gefahrenzone zurückzuziehen, um im Bedarfsfall nach einer Wendung sofort im Galopp davonzusprinten. Da das Rückwärtsrichten eine sehr wichtige Übung im Doma Vaquera Bewerb darstellt, sollten wir ihr im Training besonderes Augenmerk widmen, ohne jedoch vor allem anfangs zu übertreiben. Gut ausgebildete Doma Vaquera Pferde sind imstande, eine ganze lange Seite (bis zu 60 Meter!) ohne den geringsten Widerstand oder Taktfehler rückwärts zu treten. Wir begnügen uns vorderhand mit etwa sechs Tritten.

Die Arbeit im Gelände

Neben einer gründlichen Ausbildung in der Reitbahn ist das häufige und ausdauernde Reiten im Gelände das beste Training für unser künftiges Doma Vaquera Pferd.

Lange Schritt- und Galoppassagen im Gelände stellen am ehesten den Bezug zum ursprünglichen Verwendungszweck des Pferdes in der Doma Vaquera dar und erlauben ihm, den Raumgriff und Takt seiner Gänge zu entwickeln und zu festigen.

Darüberhinaus bieten ein bis zwei längere Ausritte pro Woche für Reiter und Pferd eine willkommene Abwechslung von der eintönigen Bahnarbeit und erweitern den geistigen Horizont des jungen Pferdes entscheidend.

Die Ausbildung des Doma Vaquera Pferdes

Die ersten Exkursionen sollte das junge Pferd stets in Begleitung eines erwachsenen Führpferdes machen, das dem Youngster Ruhe und Sicherheit vermittelt. Es kann auch eine Longe in den mittleren Serretaring eingeschnallt werden, die von dem zweiten Reiter in seiner rechten Hand geführt wird.

Mit dieser kann im Zweifelsfall einer gröberen Widersetzlichkeit oder Unsicherheit des jungen Pferdes entgegengewirkt werden. Meist ist diese Vorsichtsmaßnahme jedoch nicht nötig, da sich das Pferd, sobald es regelmäßig gearbeitet ist und die elementaren Hilfen beherrscht, im Gelände sehr stark an sein Begleitpferd und auch seinen Reiter anschließt, um so als Herdentier die „gefährliche" Situation unbeschadet zu überstehen.

Häufige Wechsel der Gangart, Reiten auf verschiedenen Untergründen (weicher Wiesenboden, fester Lehmuntergrund oder harter Steinboden) erhöhen das Selbstvertrauen unseres Pferdes und stärken seine Balance und Trittsicherheit. Ideal ist es, wenn wir die Gelegenheit haben, durch häufiges Bergauf- und Bergabreiten die Rückentätigkeit und Schubkraft unseres Pferdes zu verbessern. Unverzichtbar ist der Geländeritt für die Entwicklung eines taktreinen, regelmäßigen Schrittes, da hier das Pferd durch die Weite der Landschaft nicht eingeengt oder behindert wird. Auch Trab- und Galoppverstärkungen lassen

Durch häufiges Bergauf- und Bergabreiten fördern wir die Rückentätigkeit und Schubkraft unseres Pferdes.

sich auf weitläufigen Wegen optimal erarbeiten. Eine ideale Ausgangsbasis zum Erlernen des Außengalopps bietet sich ebenfalls im offenen Gelände auf großflächigen Wiesen oder Feldern. Davon soll im nächsten Abschnitt noch detailliert die Rede sein.

Alles in allem stellt die Geländearbeit einen unverzichtbaren Bestandteil der Pferdeausbildung dar und sollte nicht, wie es hierzulande oft üblich ist, als Spielerei oder Zeitvertreib für Reiter und

Pferd angesehen werden. Es gibt keine wirkungsvollere und zugleich angenehmere Methode, unser Pferd zu kräftigen und gleichzeitig zu entspannen!

Die Arbeit im Galopp

Wenn wir die Qualität des Galopps verbessern wollen, müssen wir uns zuallererst vor Augen führen, daß häufigere, kurze Galoppreprisen viel eher zum Ziel führen als endlose Galopprunden in der Bahn.

Konnten wir in den bisherigen Übungsstunden ein korrektes Angaloppieren in den Ecken erreichen, so dürfen wir jetzt dazu übergehen, das Angaloppieren im Handgalopp an jeder beliebigen Stelle des Reitplatzes zu trainieren. Anfangs übten wir das Angaloppieren nur aus dem Trab, nun können wir beginnen, auch aus dem Schritt heraus anzugaloppieren. Die langsamere Gangart erlaubt dem Reiter eine absolut korrekte Hilfengebung und erleichtert dem Pferd dadurch das Verständnis seiner Aufgabe. Häufige Handwechsel, stets unterbrochen von einer kurzen Schritt- oder Trabpassage, machen das Pferd durchlässig und sicher.

Auf der Mittellinie der Reitbahn fehlt jegliche Begrenzung, die dem Pferd einen Hinweis auf die zu erwartende Stellung des Galopps geben könnte. Mit höchster Aufmerksamkeit muß sich das Pferd auf unsere Hilfen konzentrieren, um zu wissen, ob es nun im Rechtsgalopp oder Linksgalopp anspringen soll. Bevor die Galopphilfe (in der einen oder anderen Richtung) auf der Mittellinie gegeben wird, sollten wir darauf achten, unser Pferd nach dem Abwenden vollständig geradegestellt zu haben, um es nicht zu verwirren.

Mit fortschreitender Galopparbeit wird es uns mehr und mehr möglich sein, den Galopp zu versammeln und in eine kadenzierte, erhabene Gangart zu verwandeln. Eine sehr gute Übung dafür ist die folgende, die ebenfalls in Doma Vaquera Turnieren gefordert wird:

Zirkelverkleinern - Zirkelvergrößern
Das Zirkelverkleinern und Zirkelvergrößern verstärkt die Durchlässigkeit des Pferdes im Galopp und insgesamt und ist eine Vorübung, um mit dem Training des Außengalopps beginnen zu können.

Wir üben diese Aufgabe zunächst folgendermaßen: Das Pferd wird im Galopp auf einen Zirkel von etwa 20 Metern Durchmesser geführt. Dieser Zirkel wird nach einer oder zwei Umrundungen in Form einer Schnecke verkleinert, bis er den Durchmesser von 10 Metern erreicht hat.

Auf diesem kleinen Zirkel parieren wir zum Trab und Schritt durch und galoppieren nach zwei Schrittrunden von neuem an, um nun unser Pferd wieder auf den ursprünglichen Zirkel von

20 Metern zurückzuführen. Die Hilfengebung für diese Übung muß sehr klar und ruhig erfolgen. Der innere Serretazügel führt das Pferd zur Mitte, während der äußere Trensenzügel fest am Hals liegt und die Vorderhand des Pferdes nach innen „drückt". Gleichzeitig nimmt der hinter dem Gurt liegende Außenschenkel die Kruppe des Pferdes in die „Schnecke" mit hinein, während der innere, treibende Schenkel die Vorwärtsbewegung aufrecht erhält.

Um den Zirkel wieder zu vergrößern, wirkt der äußere Serretazügel nach außen, der innere Transenzügel liegt am Hals und „drückt" das Pferd nach außen, wobei der innere Schenkel am Gurt den Auswärtsdruck verstärkt. Das Pferd bleibt dabei in Innenstellung.

Auch diese Übung wird schrittweise erarbeitet, indem der Zirkel anfangs nur mäßig verkleinert und dann wieder vergrößert wird. Hat das Pferd die Lektion verstanden und ist fähig, die Verkleinerung und Vergrößerung bis zum Enddurchmesser (10 Meter) unter Einbeziehung der Schrittpause durchzuführen, so erhöhen wir den Schwierigkeitsgrad, indem wir die Aufgabe nun ohne Schrittunterbrechung trainieren.

Der Außengalopp
Der Außengalopp stellt eine Übung innerhalb der Doma Vaquera dar, die nicht zu den ursprünglichen Aufgaben des Doma Vaquera Pferdes zählt. Die

Im Außengalopp wird vom Pferd ein fortgeschrittener Grad an Flexibilität, Durchlässigkeit und Gymnastizierung verlangt.

Pferde werden in der Doma Vaquera in erster Linie im Rechtsgalopp geritten, da die Garrocha oder auch die Banderillas (im Rejoneo) stets in der rechten Hand des Reiters gehalten werden und das Pferd seinen Blick immer auf das Rind gerichtet haben soll. Wechselt der Vaquero die Richtung, so wechselt er meist auch die Hand seines Galopps. Es besteht daher für den Außengalopp keine Notwendigkeit in der Feldarbeit. Trotzdem wird auf diese Lektion in der Doma

Vaquera großer Wert gelegt, nicht zuletzt deshalb, weil sie Aufschluß über den Gymnastizierungsgrad des Pferdes gibt.

Bevor wir den Außengalopp in unser Ausbildungsprogramm aufnehmen, müssen wir sicher sein, daß der Handgalopp regelmäßig und ruhig ist und das Pferd an jeder beliebigen Stelle angaloppiert werden kann. Genügt unser Pferd diesen Ansprüchen, so können wir einige Übungen in den Trainingsplan mitaufnehmen, die uns helfen, den Außengalopp zu entwickeln.

Von Außengalopp spricht man dann, wenn das Pferd auf der linken Hand im Rechstgalopp und auf der rechten Hand im Linksgalopp geht. Es sind also sowohl die Stellung des Pferdes als auch der Sitz des Reiters dem Handgalopp konträr entgegengesetzt. Vom Pferd verlangt dies einen fortgeschrittenen Grad an Flexibilität, Durchlässigkeit und Gymnastizierung. Vor allem das Durchreiten von Wendungen oder Ecken im Außengalopp stellt schon eine hohe Anforderung an unser junges Pferd dar.

Auch vom Reiter verlangt der Außengalopp eine unabhängige Hilfengebung und die Fähigkeit, abstrakt zu denken und ruhig zu sitzen. Seine wichtigste Aufgabe ist es, die Hilfengebung für den Handgalopp auch im Außengalopp unverändert aufrecht zu halten, um ein Umspringen des Pferdes zu verhindern. Dies klingt einfacher als es ist, verlangt es doch vom Reiter eine vollkommen andere, ungewohnte Gewichtsverteilung als sonst. In der Doma Vaquera bedient man sich einer bewährten Übung, um das Pferd an den Außengalopp heranzuführen. Voraussetzung dafür ist allerdings ein genügend großes, möglichst flaches, offenes Feld, was man bei uns bestenfalls nach der Getreideernte in Form eines Stoppelfeldes finden kann. Auf diesem Feld galoppiert man im Handgalopp auf einem relativ kleinen Zirkel. Von diesem Zirkel aus wendet man im gleichen Galopp auf einen sehr weiten Zirkel in die entgegengesetzte Richtung, diesen dann logischerweise im Außengalopp.

Sobald das Pferd Zeichen von Unsicherheit zeigt, aus dem Gleichgewicht kommt oder den Schub und den Rhythmus verliert, wendet man wieder auf einen kleinen Zirkel im Handgalopp. Hat das Pferd seine Regelmäßigkeit wieder gefunden, schließt man einen weiteren, großen Zirkel im Außengalopp an. Auf diese Weise entsteht eine Figur, die aus einem sehr großen Zirkel im Außengalopp besteht, an dessen Tangenten diverse kleinere Zirkel im Handgalopp angesetzt sind.

So lernt das Pferd, mit Leichtigkeit und ohne Widerstand im Galopp die Richtung zu wechseln, ohne umzuspringen oder in den Trab zu fallen. Eine bestechende, äußerst einfache Methode, die aber in unseren Breiten nur begrenzt umzusetzen sein wird.

Geht man das Thema Außengalopp in der Reitbahn an, so ist man gut beraten, eine Bahn mit möglichst großen Dimensionen zu wählen, also ein 20 x 60 Meter großes Viereck. Dort beginnt man die Übung mit flachen Schlangenlinien im Galopp an der langen Seite. Das Pferd bewältigt den Bogen der Schlangenlinie somit im Außengalopp und kehrt nach seiner Rückkehr an die Bande in die ihm vertraute Stellung des Innengalopps zurück.

Das Abwenden von der langen Seite gestaltet sich meist wenig schwierig, vorausgesetzt die Wendung erfolgt nicht zu abrupt und nicht zu steil. Der entscheidende Punkt ist bei der Rückwendung zur langen Seite gekommen. Hier muß der Reiter penibel darauf bedacht sein, seinen Sitz und seine Hilfegebung nicht zu verändern, um sein Pferd nicht umspringen oder in den Trab fallen zu lassen.

Im Lauf der Zeit kann die Amplitude der Schlangenlinie erhöht und dadurch auch der Schwierigkeitsgrad der Wendung und Rückwendung erhöht werden. Ist das Pferd imstande, eine Schlangenlinie, deren Scheitelpunkt 8-10 Meter von der langen Seite entfernt liegt, ausbalanciert zu bewältigen, so beginnt man den Außengalopp mittels anderer Übungen zu festigen. So reitet man ausgehend vom Handgalopp einen Wechsel durch die ganze Bahn, beschreibt im Außengalopp einen weiten Halbzirkel und kehrt mit einem erneuten Wechsel auf die ursprüngliche Hand zurück. Wenn diese Übung

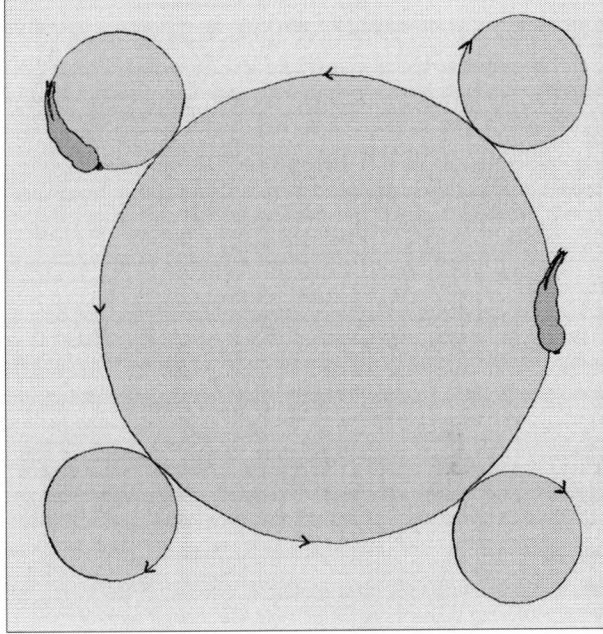

Mittels dieser Übung läßt sich im freien Feld ohne Probleme der Außengalopp erarbeiten. Voraussetzung dafür ist allerdings genügend Platz!

auf beiden Händen zufriedenstellend ausgeführt werden kann, so ist der Zeitpunkt erreicht, an dem begonnen werden kann, die Acht (Aus dem Zirkel wechseln) zu üben.

Bei der Acht werden zwei gleichgroße Zirkel geritten, von denen der eine im Handgalopp, der andere im Außengalopp bewältigt wird. Dies ist eine wichtige Aufgabe in den Turnieren für junge Doma Vaquera Pferde und sollte ausreichend geübt werden.

Beherrscht unser Pferd auch diese Übung, so ist die Ausbildungsphase zwei abgeschlossen. Wir können nun unser Pferd - immer noch auf vier Zügeln, in den meisten Fällen jedoch bereits auf Kandare gezäumt - in den Prüfungen für junge Pferde vorstellen, wo wir die ersten Turniererfahrungen sammeln. Vergegenwärtigen wir uns noch einmal übersichtsweise die Ausbildungsziele dieser Etappe, die sich auch aus den Turnieranforderungen der Klasse 1 entnehmen lassen (s. S. 123):

Basisarbeit:	• Anreiten und Anhalten, Übergang Halt-Schritt-Halt
	• Entwicklung von Arbeitstrab und Arbeitsgalopp, Schritt nur am langen Zügel
	• Handwechsel in Schritt und Trab
	• Erlernen von korrekten Wendungen und Zirkeln im Schritt und Trab
	• Seitliches Biegen im Hals- und später im Genickbereich
	• Übergänge Schritt-Trab, Trab-Galopp, Trab-Schritt und Galopp-Trab
	• Verstärkung der drei Grundgangarten, Schritt zuletzt
	• Erarbeiten der korrekten Parade
	• Rückwärtsrichten mit anschließendem Anreiten in Schritt, Trab und Galopp
Geländearbeit:	• Festigung von Schritt- und Galopptakt
	• Unterstützende Arbeit in den Verstärkungen
	• Kräftigung und Entspannung des Pferdes (Gymnastizierung)
Galopparbeit:	• Angaloppieren ohne Begrenzung an jeder beliebigen Stelle
	• Zirkelverkleinern und Zirkelvergrößern
	• Außengalopp
Zäumung:	• anfangs: auf Serreta und Trense mit vier Zügeln
	• später: auf Kandare und Serreta (Hilfszügel in den Serretaringen) oder auf Kandare und Serreta occulta (Hilfszügel in den Kandarenaugen)
Zügelführung:	• anfangs: Zügel der rechten Seite in der rechten Hand, Zügel der linken Seite in der linken Hand
	• später: Hauptzügelpaar und linker Serretazügel in der linken Hand, rechter Serretazügel in der rechten Hand
	• Zunehmend verstärkte Führung des Pferdes über den äußeren Trensen- oder Kandarenzügel (indirekte Zügelhilfe)

Weiterführende Übungen

Mit Erlernen all der Anforderungen der Ausbildungsphase zwei verfügt das Doma Vaquera Pferd über eine solide Grundausbildung. Diese Grundausbildung, die in Spanien anhand der Teilnahme an den ersten Turnieren überprüft werden kann, ist die Basis für weiterführende Übungen, die uns auf den Weg zum vollständig ausgebildeten Doma Vaquera Pferd bringen.

Vergessen wir nicht, daß jedes Pferd einen eigenen Lernrhythmus hat und daß Arbeitsmoral und Belastbarkeit individuell unterschiedlich sind. Jede neue Lektion erfordert vom Pferd höchste Konzentration und Muskelbelastung. Es liegt daher in der Verantwortung des Reiters oder Ausbilders, sehr genau die Ausbildungsfortschritte sowie den physischen und psychischen Zustand des Pferdes im Auge zu behalten und notfalls einmal die Bremse zu ziehen und zu einem früheren Ausbildungsniveau zurückzukehren.

Jede Überforderung des Pferdes rächt sich später. Eine der wichtigsten Prämissen ist es, die Lust des Pferdes an der Arbeit zu fördern und seine Gesundheit zu erhalten.

Die Aufgaben, die wir im abschließenden Ausbildungsabschnitt mit unserem Pferd erarbeiten müssen, stellen die charakteristischen Doma Vaquera Lektionen dar.

Hat unser Pferd diese erlernt, so ist es fertig ausgebildet, und die weitere Arbeit besteht in erster Linie darin, das Erlernte zu erhalten und zu verbessern. Normalerweise dauert dieser Ausbildungsabschnitt mehr oder weniger ein Jahr. Um für Prüfungen der fortgeschrittenen Klasse qualifiziert zu sein, sind die Pferde in der Regel sechs Jahre alt.

Es ist sicherlich nicht zielführend, das Ausbildungstempo zu beschleunigen, auch wenn das Pferd diverse Lektionen von sich aus anbietet.

Eine langsame, konsequente und gediegene Lehrzeit dankt uns unser Pferd mit lebenslanger Arbeitsbereitschaft und Gesundheit!

Die Seitengänge

In der Doma Vaquera werden Seitengänge in vier Formen geritten:

Die Pirouette auf der Vorhand (nicht zu verwechseln mit der Vorhandwendung!), die Pirouette auf der Hinterhand (die den Pirouetten in der klassischen Dressur entspricht), die Traversale und der ganze Travers (Paso de costado), für den es in der klassischen Dressur kein Äquivalent gibt.

Die Ausbildung des Doma Vaquera Pferdes

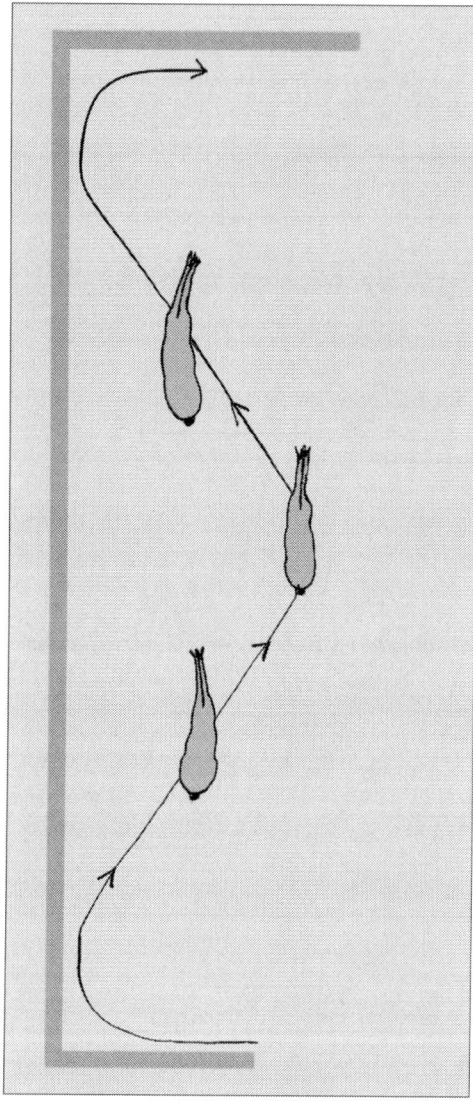

Viereck verkleinern - Viereck vergrößern

Alle weiteren in der klassischen Dressur üblichen Seitengänge wie Vorhandwendung, Schenkelweichen, Schulterherein, Travers und Renvers werden in der Doma Vaquera nicht verlangt. Von vielen Ausbildern werden Schenkelweichen und Vorderhandwendung zur Erarbeitung der oben angeführten Seitengänge sowie zur Erhöhung der Versammlung und Durchlässigkeit des Pferdes in das Trainingsprogramm mit aufgenommen.

Manche Reiter lassen aber auch diese einfach aus dem Ausbildungsprogramm weg und arbeiten direkt an den verlangten, ursprünglichen Doma Vaquera Lektionen. In vorliegendem Buch soll trotzdem in abgekürzter Form darauf Bezug genommen werden, da ein zum mindesten teilweises Erarbeiten der diversen Seitengänge die Ausbildung des Pferdes entscheidend erleichtert.

Die deutsche Bezeichnung Seitengänge wird im Spanischen mit *Ejercicios en dos pistas* (Übungen auf zwei Spuren) übersetzt, womit unterstrichen werden soll, daß sich das Pferd bei diesen Übungen mit der Hinterhand und der Vorderhand auf unterschiedlichen Spuren bewegt.

Diese Benennung berücksichtigt nicht, daß in der Seitwärtsbewegung nicht nur Vorder- und Hinterhand auf unterschiedlichen Spuren gehen, sondern meist auch noch die einzelnen Beine verschiedenen Linien folgen. Korrekterweise müßte es also *Übungen auf mehreren Spuren* heißen, da sich das Pferd je nach Stellung oder Biegung auf drei bis vier Spuren bewegt. Dies jedoch sind „Spitzfindigkeiten" der klassischen Dressurreiterei, die der Vaquero mit einem leichten Lächeln abtut: derartige Dinge hat er im Gefühl und muß sie nicht benennen.

Vorderhandwendung

Die Vorderhandwendung ist die Schlüsselfigur, um dem jungen Pferd die Reaktion auf die Wirkung eines einzelnen Schenkels beizubringen.

Es muß lernen, in leichter Stellung mit der Kruppe seitwärts zu treten und in dieser Seitwärtsbewegung die Hinterbeine zu überkreuzen.

Die Vorderhand soll einen kleinen Kreis beschreiben; es wird in der Doma Vaquera kein Wert darauf gelegt, daß der innere Vorderhuf unbedingt auf derselben Stelle stehen bleiben muß.

Wichtig ist die Stellung des Pferdes „in die Wendung hinein", sprich nach innen.

Ausgehend von einer korrekten Parade auf der Mittellinie belastet der Reiter etwas stärker den inneren Gesäßknochen, stellt das Pferd leicht nach innen und treibt das Pferd mit seinem inneren Schenkel Schritt für Schritt seitwärts. Der Außenschenkel kontrolliert die Seitwärtsbewegung und verhindert ein Übereilen der Übung. Der Außenzügel unterstützt die Stellung und beugt einem Wegtreten des Pferdes nach vorn vor.

Es ist anfangs nicht nötig, eine vollständige Wendung zu verlangen. Schrittweise soll sich das Pferd mit dieser neuen Anforderung vertraut machen. Vorheriges Üben der seitlichen Biegung erhöht die Bereitschaft des Pferdes, im Genick und Unterkiefer nachzugeben und eine korrekte Stellung einzunehmen.

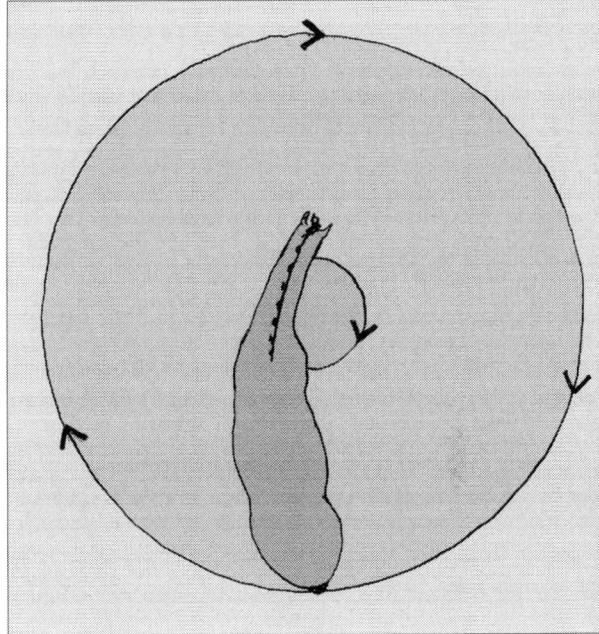

Vorderhandwendung

Schenkelweichen

Schenkelweichen wird entlang der langen Seite des Vierecks geübt. Das im Körper geradegestellte Pferd erhält eine leichte Kopfstellung nach der Seite des seitwärtstreibenden Schenkels, der dadurch zum inneren wird.

Der Reiter sitzt ebenso wie in der Vorderhandwendung auf dem inneren Sitzknochen und führt die Hinterhand durch leichten Druck des inneren Schenkels auf den zweiten Hufschlag.

Der innere Schenkel gemeinsam mit dem äußeren Zügel erhält die Vorwärts-Seitwärtsbewegung auf zwei Hufschlägen.

Der äußere Schenkel reguliert den Abstellungswinkel zur Bande, der maximal 45 Grad betragen darf. Die gleiche

Die Ausbildung des Doma Vaquera Pferdes

Junges Pferd bei der Übung des Schenkelweichens.

Lektion kann als Viereck verkleinern und vergrößern, exakt entsprechend der gleichnamigen Übung in der klassischen Dressur, geritten werden. Dabei weicht das Pferd, ausgehend von der rechten Hand, zunächst dem linken Schenkel und bewegt sich, parallel zur Bande, vorwärts-seitwärts etwas in das Viereck hinein.

Nachdem es nun parallel zur langen Seite geradegestellt wurde, soll es dem linken Schenkel weichen und in entgegengesetzter Stellung zur langen Seite zurückgelangen.

In dieser Übung lernt das Pferd, sowohl mit den Hinter- als auch mit den Vorderbeinen zu übertreten. Insofern kann diese Übung als Vorbereitung der Traversale gesehen werden.

Ganzer Travers und Traversale

Die Traversale und der ganze Travers gehören mit zu den wichtigsten Aufgaben in der Doma Vaquera. Es handelt sich dabei um sehr ähnliche Lektionen, die sich nur durch ihren unterschiedlichen Grad an Vorwärtsbewegung unterscheiden. Die Traversale ist eine Vorwärts-Seitwärtsbewegung mit stärkerer Vorwärts- als Seitwärtstendenz. Sie wird in der Doma Vaquera im Schritt oder Galopp geritten und entspricht voll und ganz der Traversale, die wir aus der Schulreiterei kennen.

Im ganzen Travers überwiegt die Seitwärtsbewegung, und wir finden nur mehr eine minimale Vorwärtstendenz. Diese Vorwärtstendenz entsteht daraus, daß das Pferd mit seinen Beinen überkreuzen muß und sich dadurch bei jedem Schritt zumindestens eine „Hufbreit" weit nach vorne bewegt.

Die Lektion des ganzen Travers wird nur im Schritt geritten, ihr ursprünglicher Zweck lag im Öffnen und

Schließen von Weidetoren sowie der vorsichtigen Bewegung zwischen den Rindergruppen.

Die Bezeichung ganzer Travers mag für einen Schulreiter unserer Lande etwas irreführend sein, da mit Travers normalerweise eine Seitwärts-Vorwärtsbewegung entlang der Wand des Vierecks bezeichnet wird, wobei die äußeren Füße über die inneren des Pferdes treten. Diese Figur wird in der Doma Vaquera auch in der Ausbildung in der Regel nicht geritten!

Der ganze Travers der Doma Vaquera entspricht dem *Full pass* in der englischsprachigen Literatur der akademischen Reiterei und dem *Sidepass* oder der *Volltraversale* in der Westernreiterei. Auch in der Militärreiterei gibt es eine vergleichbare Figur, die zum Aufschliessen der in Reihe aufmarschierten Kavallerietruppe benutzt wird.

Ob man in der Ausbildung zuerst die Traversale übt und anschließend durch eine sukzessive Verringerung der Vorwärtsbewegung den ganzen Travers erarbeitet oder umgekehrt, bleibt der Entscheidung des Ausbilders überlassen. Das Prinzip der Hilfengebung ist bei beiden Lektionen gleich.

In der Doma Vaquera wird die Traversale wie schon erwähnt direkt aus dem Schenkelweichen auf der Diagonale entwickelt. Im Schenkelweichen ist das Pferd leicht gegen die Bewegungsrichtung gestellt. Diese Stellung wird nun

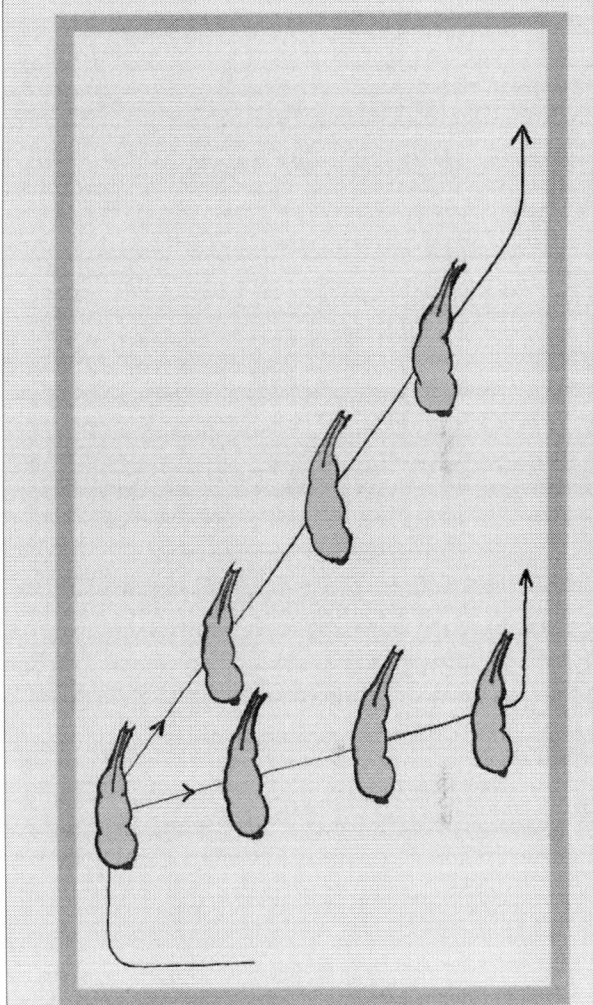

Unterschied zwischen Traversale (oben) und ganzem Travers (unten)

sukzessive umgekehrt, da das Pferd in der Traversale in die Bewegungsrichtung gebogen gehen muß. In der korrekten Traversale stellt der Reiter sein Pferd nach innen und führt die Schultern des Pferdes durch den äußeren, indirekt am Hals wirkenden Zügel seitwärts.

Traversale im Schritt.

Ganzer Travers im Schritt.

Die Kruppe des Pferdes nimmt er mit seinem äußeren, hinter dem Gurt liegenden Außenschenkel in die Seitwärtsbewegung mit.

Das Pferd bewegt sich mehr oder weniger parallel zur langen Seite des Vierecks und ist dabei so gebogen, daß seine „hohle" Seite gegen die lange Seite gegenüber weist. Das äußere Hinterbein muß unter den Schwerpunkt des Pferdes treten und das Pferd sich zusehends von hinten tragen.

Weites Überkreuzen der Beine, bei dem die Kruppe hinter der Bewegung zurückbleibt, geht am Sinn dieser Lektion vorbei! Der innere Schenkel reguliert die Vorwärtsbewegung des Pferdes. Der Grad seiner Einwirkung entscheidet, ob es sich bei dem Seitengang um eine Traversale (stärkere Vorwärtsbetonung) oder einen ganzen Travers (kaum Vorwärtsbetonung) handelt.

Die ersten Übungen der Traversale werden zweckmäßigerweise mit den vier Zügeln in getrennten Händen geritten, da so unserem Pferd die Zügelhilfen eindeutiger vermittelt werden können.

Eine gute Methode, das Pferd auf die Traversale vorzubereiten, die jedoch nur von wenigen Reitern angewendet wird, ist eine halbe Wendung an der langen Seite, aus der heraus bei beibehaltener Stellung eine kurze Traversale zur Wand zurückgeritten wird. Dabei nützt man die natürliche Tendenz des Pferdes, zur Wand zurückzukehren, aus und nimmt die verlangte Stellung aus der Wendung heraus mit.

An den Sitz des Reiters wird beim Reiten der Traversale oder des ganzen Travers ebenfalls ein hoher Anspruch gestellt.

Obwohl die Betonung des inneren Sitzknochens zur Stellunggebung des Pferdes die vorrangige Rolle spielt, darf der Reiter seinen äußeren Sitzknochen nicht aus dem Auge verlieren, da bei zu starkem „Nach-innen- Sitzen" auch die Wirkung des äußeren Schenkels zu undeutlich wird, demgemäß die Kruppe hinter die Bewegung fällt und die Hinterhand nicht mehr unter den Schwerpunkt des Pferdes tritt. Feinste Abstimmung der Sitz- und Zügelhilfen ist also gefragt!

Haben wir unserem Pferd im Schritt klar gemacht, was wir von ihm erwarten, so können wir die Lektion im Galopp üben.

Auch dafür bietet sich folgende Grundübung an: halbe Wendung im Galopp mit darauffolgender Traversale zur langen Seite zurück.

Dabei müssen wir uns klar machen, daß wir bei der Ankunft an der langen Seite im Außengalopp sind. Um die

Traversale im Galopp.

Sache für das Pferd nicht noch mehr zu komplizieren, soll zu diesem Zeitpunkt noch zum Schritt durchpariert werden.

Fortschreitende Lektionierung unseres Pferdes wird es uns erlauben, bald die 3-1-Zügelführung wieder aufzunehmen, ohne daß Einbußen in der Qualität der Traversalen zu erwarten sind.

Die Ausbildung des Doma Vaquera Pferdes

Pirouette um die Vorderhand

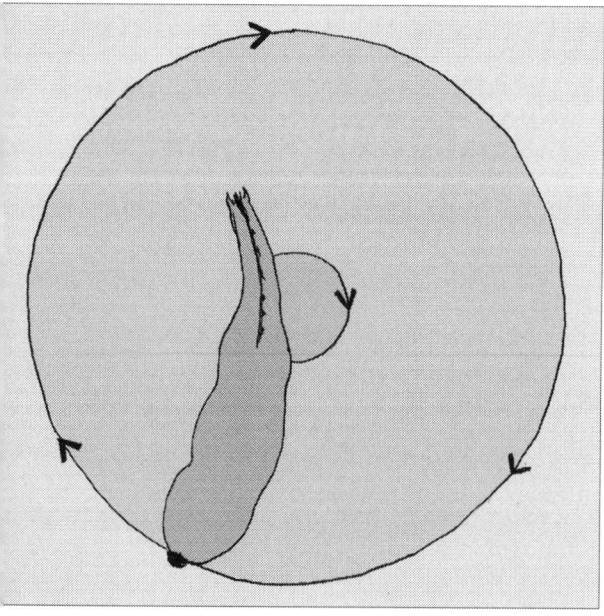

Pirouetten und Vaquerawendungen

Die folgenden Übungen sind nach ihrer Ähnlichkeit und ihren gemeinsamen Voraussetzungen gereiht. Dies bedeutet jedoch nicht, daß in ihrer Erarbeitung die vorgegebene Reihenfolge beibehalten werden muß.

Unser Pferd hat mittlerweile ein derart hohes Ausbildungsniveau erreicht, daß jeder Reiter selbst entscheiden kann, wie er die folgenden Übungen kombiniert.

Pirouetten im Sinne der klassischen Dressur werden in der Doma Vaquera nur im Schritt geritten. Bei den Wendungen um die Hinterhand im Galopp handelt es sich um dynamische, „herumgerissene" Wendungen, die hier der besseren Unterscheidbarkeit wegen *Vaquerawendungen* genannt werden sollen.

Pirouette auf der Vorderhand

Die Pirouette auf der Vorderhand, die in den Doma Vaquera Bewerben verlangt wird, ist aus der bereits früher besprochenen Vorderhandwendung zu entwickeln.

Der entscheidende Unterschied zwischen diesen beiden Übungen liegt darin, daß das Pferd bei der Vorderhandwendung entgegen der Bewegungsrichtung gestellt ist. Dies bedeutet, daß der innere Schenkel die Rotation um die Vorhand auslöst. Die Pirouette auf der

Die Ausbildung des Doma Vaquera Pferdes

Vorderhand wird in entgegengesetzter Stellung geritten, so daß sowohl der Kopf des Pferdes als auch seine Kruppe (also die „hohe Seite") in die Richtung der Kreisbewegung weisen.

Vereinfacht könnte man sagen, daß es sich dabei um die gleiche Figur wie die Hinterhandwendung der klassischen Dressur handelt, nur daß die Achse der Bewegung durch das vordere Drittel des Pferdes führt.

Die Vorderhand tritt auf einem Kreis mit möglichst kleinem Durchmesser, der innere Schenkel am Gurt sichert den Tritt der Vorderhand.

Die Hinterhand beschreibt eine Wendung um 360 Grad, wobei der äußere Schenkel die Kruppe seitwärts bewegt. Der äußere Zügel führt die Schultern des Pferdes seitwärts auf der Kreisbahn, der innere gibt die Stellung.

Beobachtet man ein gut ausgebildetes Vaquerapferd bei dieser Lektion, so fällt auf, daß der innere Zügel meist kaum zum Einsatz kommt während der äußere, fest am Hals angelegt, die alleinige Führung übernimmt.

Dies wird dem Pferd durch schrittweisen Übergang von der 2-2-Zügelführung über die 3-1-Zügelführung bis hin zur 2-Zügelführung in der linken Hand verdeutlicht. Die direkten (stellenden) Zügelhilfen werden auch hier anfangs stets vom Serretazügel aus gegeben, während die Führung vom äußeren Kandarenzügel übernommen wird.

Pirouette um die Hinterhand.

Pirouette auf der Hinterhand

Bei der Pirouette handelt es sich um eine Hinterhandwendung um 360 Grad, die in der Prüfung nur im Schritt verlangt wird.

Geritten wird die Schrittpirouette wie in der klassischen Dressur, wobei der seitwärts „drückenden" Wirkung des Außenzügels in der Doma Vaquera mehr Bedeutung zukommt als in der klassischen Dressur. Der innere Hinterhuf soll auf der Stelle treten, während der äußere Hinterhuf einen kleinen Kreis um ihn

Die Ausbildung des Doma Vaquera Pferdes

Halbe Vaquerawendung aus dem Schritt: gut untersetzende Hinterhand und dynamische Drehbewegung des Pferdes

herum beschreibt. Die Kruppe darf dabei nicht ausweichen, sondern muß gut unter dem Gewicht des Pferdes bleiben. Die Vorderhand bewegt sich auf einem weiter außen liegenden, konzentrischen Kreis um die Hinterhand herum. Gestellt ist das Pferd in die Bewegungsrichtung.

Um dem Pferd die Aufgabe nahezubringen, kann man von einem ganzen Travers ausgehen, wenn das Pferd diesen bereits beherrscht. Durch Verstärkung der Einwirkung des äußeren Zügels, Verlagerung des Reitergewichts etwas nach hinten und Erhöhung des Drucks des äußeren Schenkels, der hinter dem Gurt liegt, wird die Rotationsbewegung eingeleitet.

Es gibt Reiter, die die Schrittpirouette aus der Haltparade heraus entwickeln. Die Gefahr einer zumindest kurzzeitigen Rückwärtstendenz dabei ist jedoch groß und dies ist ein Fehler, der im Turnier mit Punkteabzug geahndet wird.

Eine gute Methode, um unserem Pferd die Pirouette beizubringen, ist jene, in der ein Zirkel im Kruppherein solange verkleinert wird, bis daraus eine perfekte Pirouette entsteht. Bei kontrolliertem Vorgehen erkennt der Ausbilder bei dieser Lektion sofort, wann sein Pferd ermüdet, und kann die Arbeit beenden. Der Weg der kleinen Schritte führt auch in diesem Bereich leichter zum Ziel als große Sprünge!

Halbe Vaquerawendung im Schritt
Die im folgenden beschriebenen Wendungen sind eine charakteristische Übung der Doma Vaquera. Sie bestehen aus einer Wendung um 180 Grad auf der Hinterhand, die jedoch im Gegensatz zur Schrittpirouette nicht im Takt getreten wird, sondern aus nur drei Phasen besteht: dem Zurücknehmen, der gesprungenen Wendung und der Lan-

Die Ausbildung des Doma Vaquera Pferdes

dung auf jenem Vorderbein, in dessen Richtung die Wendung ausgeführt wird. Auf diese Weise entsteht eine sehr dynamische, quasi „herumgerissene" halbe Wendung, die keinerlei Entsprechung in der klassischen Dressur hat. Das Pferd ist in die Richtung der Wendung gestellt, der Kopf führt die Bewegung an.

Um die Lektion zu erlernen, muß das Pferd die Schrittpirouette beherrschen. Die Vorbereitung der Aufgabe besteht in einer ausgeprägten halben Parade, um die Hinterhand (in erster Linie das innere Hinterbein) des Pferdes gut unter sein Gewicht zu bringen und damit die Vorderhand möglichst frei zu spielen.

In der Folge gibt man Hilfen wie bei der Hinterhandwendung, nur mit größerer Energie und Dynamik. Der Außenschenkel verstärkt seine seitwärtstreibende Wirkung noch durch eine gewisse Aufwärtskomponente.

Dadurch wird die Vorderhand maximal erleichtert und kann durch die seitwärtsdrehende Einwirkung der Zügel, bodenfern, quasi durch die Wendung gezogen werden. Der innere Schenkel empfängt die Drehung und setzt sie in eine sofortige Vorwärtsbewegung im Schritt um.

Diese Lektion wird meist auf der Mittellinie in mehreren aufeinanderfolgenden Wendungen, jeweils unterbrochen durch mehrere Tritte Mittelschritt, geritten.

Halbe Vaquerawendung im Galopp
Die Ausführung dieser Aufgabe erfolgt ähnlich wie im Schritt. Naturgemäß muß aber das Pferd, da es sich im Galopp befindet, noch stärker gesetzt und auf die Hinterhand gebracht werden. Um eine Vaquerawendung im Galopp erlernen zu können, muß das Pferd dieselbe Aufgabe und ihre Hilfengebung im Schritt bereits beherrschen. Die vorbereitende halbe Parade muß die Hinterhand des Pferdes maximal unter sein Gewicht bringen, wobei das innere Hinterbein des Pferdes bis fast unter den Sattelgurt geholt werden sollte. Das äußere Bein des Reiters fixiert die Kruppe und unterstützt die Einwirkung der äußeren Hand, die mit einer kräftigen Seitwärtsbewegung die Wendung auslöst.

Der Reiter muß bei dieser Aufgabe sehr flexibel und unabhängig sitzen. Er darf das Pferd in der Wendung nicht behindern oder hinter die Bewegung geraten.

Wie alle Lektionen der Doma Vaquera wird auch diese Aufgabe zunächst mit vier Zügeln in zwei Händen trainiert, um dem Pferd gleichzeitig die Stellung und den Seitwärtsimpuls vermitteln zu können. Schrittweise Steigerung der Anforderungen erlaubt auch hier bald den Übergang zur einhändigen Führung des Pferdes.

Die halbe Vaquerawendung im Galopp wird im Bewerb meist in Serien geritten. So wird beispielsweise im Linksgalopp

Die Ausbildung des Doma Vaquera Pferdes

Halbe Vaquerawendung aus dem Galopp nach links: ein junges Pferd, noch auf vier Zügel geritten, im Training.

Die Ausbildung des Doma Vaquera Pferdes

auf die Mittellinie geritten, die Wendung ausgeführt und im Linksgalopp weitergeritten. Nach drei Galoppsprüngen wird in den Rechtsgalopp umgesprungen und hierauf die nächste Wendung nach rechts gedreht. Diese Abfolge wiederholt sich drei bis vier Mal und demonstriert die perfekte Durchlässigkeit des Pferdes und die absolut korrekte, zeitlich gut koordinierte Hilfengebung des Reiters.

Ganze Vaquerawendung im Galopp

Die logische Weiterentwicklung aus den vorhergegangenen Übungen (Schrittpirouette, Halbe Vaquerawendung im Schritt, Halbe Vaquerawendung im Galopp) ist nun die ganze Wendung im Galopp, die durch die vorherigen Übungen optimal vorbereitet wurde. Wir müssen uns klar sein, daß diese Art der Galoppwendung um 360 Grad nichts mit der klassischen Galopppirouette des Dressursports zu tun hat. In der Doma Vaquera wird versucht, die Wendung mit höchstem Schwung durchzuführen. Dabei soll die Vorderhand des Pferdes so selten wie nur möglich den Boden berühren. Damit ist die Aufgabe geprägt von einem kraftvollen, ausbalancierten Wenden des Pferdes mit vielleicht drei bis vier Bodenberührungen. Dabei ist es nicht so wichtig, daß der Takt des Galopps beibehalten wird. Wichtig ist die Flexibilität des Pferdes und seine Fähigkeit, unmittelbar aus der ganzen

Ganze Vaquerawenung aus dem Galopp nach rechts: voll ausgebildetes Pferd im Wettkampf, mit gut untersetzender Hinterhand und dynamischr Drehbewegung.

Wendung heraus wieder ausbalanciert weiterzugaloppieren.

Es gibt Reiter, die die ganze Vaquerawendung in atemberaubenden Tempo zwei oder drei Mal hintereinander ausführen, ganz ähnlich den *spins* der Westernreiter. Andere wiederum lassen ihr Pferd die Wendung eher ruhig und im Takt springen, eine Darbietung, die dann der klassischen Galopppirouette ähnlich wird.

Die Ausbildung des Doma Vaquera Pferdes

Fliegender Galoppwechsel auf der Mittellinie.

Letzte Perfektion im Galopp

In diesem letzten Ausbildungsabschnitt müssen wir noch ein wenig Energie in die Ausarbeitung der Galopptempi investieren. Während wir bisher meist im Arbeitsgalopp gritten sind, immer wieder unterbrochen von kurzen Tempoverstärkungen, ist es nun an der Zeit, durch verstärktes Versammeln des Pferdes auch den versammelten Galopp zu erarbeiten. Bei den bisher erreichten Kenntnissen unseres Pferdes dürfte es keinerlei Schwierigkeit bereiten, den Galopp durch wohldosierte Kombination von treibenden und verhaltenden Hilfen zusehends zu verkürzen und das Pferd verstärkt aufzurichten.

Im Prinzip ist dieser versammelte Galopp bereits eine Voraussetzung für die Erarbeitung der vorhergehenden Übungen (halbe und ganze Vaquerawendungen).

Ebenso wird die Verstärkung des Galopps bis zum Sprintgalopp keine entscheidenden Probleme mehr bereiten. Der Sprintgalopp in der Doma Vaquera ist eine rasante Gangart, die durch den weit vorgestrecktem Hals und Kopf des Pferdes und das atemberaubende Tempo an den Renngalopp der Turfer erinnert und damit auch seinen Takt vom Dreitakt zum Viertakt verändert.

Fliegende Galoppwechsel

Bei den fliegenden Galoppwechseln in der Doma Vaquera handelt es sich nicht um eine ursprüngliche Übung der Vaqueros im Feld.

Obwohl auch in der Feldarbeit bei abrupten Richtungsänderung immer wieder ein fliegender Wechsel des Galopps nötig war, entstand die Anforderung, Serienwechsel zu reiten, erst aus dem Wettbewerbscharakter der modernen Doma Vaquera. Sie sind sozuagen eine Leihgabe aus der modernen Dressurreiterei und werden auch exakt wie in dieser geritten und erarbeitet.

In unserer bisherigen Galopparbeit haben wir, wann immer ein Handwechsel vonnöten war, zum Trab oder Schritt durchpariert, das Pferd umgestellt und sind erneut angaloppiert. Von anfangs sechs bis acht Zwischenschritten haben wir uns langsam auf zwei bis drei Zwischenschritte zwischen den verschiedenen Galopprichtungen heruntergearbeitet. Das Wichtigste an dieser Übung ist ein fließender Übergang zwischen den Gangarten und ein trotz der geringen Trittzahl fleißiger, gut versammelter Schritt. Eine weitere Steigerung der Übung stellt der einfache Galoppwechsel mit nur einem Zwischenschritt dar, was eine ungeheure Routine des Reiters voraussetzt, da Durchparieren, Umstellen und Wiederangaloppieren fast in einem erfolgen müssen.

Darüberhinaus werden die meisten Pferde bei dieser Übung ungeduldig und „heiß", es erfordert also auch ein gehöriges Maß an Ruhe und Selbstbeherrschung, um die Aufgabe zu einem guten Ende zu bringen. Der Temperamentsausbruch, den die meisten Pferde bei der Übung einfacher Galoppwechsel mit wenigen Zwischenschritten zeigen, kann jedoch auch im Sinne des Reiters genützt werden.

Es ist durchaus wahrscheinlich, daß unser Pferd in einer Art vorauseilendem Gehorsam den Zwischenschritt irgendwann einmal ausläßt und sofort in den neuen Galopp überspringt. Geschieht dies, so muß man, auch wenn der Wechsel noch nicht perfekt erfolgt ist, sofort zum Schritt durchparieren, loben und eine kleine Pause einlegen.

Bei dieser Übung ist es ungeheuer wichtig, die Kruppe des Pferdes gut unter Kontrolle zu halten, um zu vermeiden, daß die Hinterhand bei den Wechseln hin und her springt.

Die Hilfengebung des Reiters erfolgt in der Schwebephase des Galopps, wobei im Idealfall bereits das Umsitzen auf den neuen inneren Sitzknochen das Umspringen einleitet. Dieser Druck des inneren Gesäßknochens holt in Kombination mit der Hilfe des inneren Schenkels das neue innere Hinterbein heran und bewirkt, daß das Pferd im neuen Galopp weitergeht.

Als kleine Hilfestellung: die Schwebephase des Galopps ist dann erreicht, wenn das innere Bein seine Schwebephase beendet hat und die innere Schulter sich von vorne nach hinten bewegt.

Eine weitere Möglichkeit, den fliegenden Galoppwechsel zu erlernen, ist der Wechsel durch die ganze Bahn, wobei solange im ersten Handgalopp geblieben wird, bis wir die erste Ecke der gegenüberliegenden Seite durchreiten.

Dies ist der Punkt, an dem wir im Außengalopp stets damit rechnen müsen, daß unser Pferd in den jetzt bequemeren neuen Handgalopp umspringt. Diesmal

Die Ausbildung des Doma Vaquera Pferdes

Beschleunigung im Galopp (Arreon).

Beschleunigug im Galopp (Arreo).

machen wir uns diese Tendenz zunutze und geben ganz bewußt in der Ecke die neuen Galopphilfen. Meist wird das Pferd den Fingerzeig verstehen und dankbar den Handgalopp der neuen Richtung annehmen.

Beherrscht unser Pferd den einzelnen fliegenden Galoppwechsel an jedem beliebigen Ort der Reitbahn, so gehen wir dazu über, nach einem erfolgreichen Wechsel zu Beginn der Diagonalen am Ende der Diagonalen einen weiteren Wechsel zu verlangen, um bei Erreichen der Wand wieder zum Schritt durchzuparieren.

Die steigende Übung wird es uns bald erlauben, die Sprungzahl zwischen den Galoppwechseln zu verringern und so schrittweise zu Serienwechseln mit nur zwei oder einem Zwischensprung zu gelangen.

Die Übung der Serienwechsel ist im Rahmen der Doma Vaquera eine reine Kunstübung und hat keinerlei Entsprechung in der Feldarbeit. Viele Traditionalisten kreiden diese Tatsache an und fordern eine Verbannung dieser Lektion aus der Turnierordnung der Doma Vaquera. Zu welchem Ende dieser Disput kommt, wird der Lauf der Zeit zeigen.

Beschleunigung,
Verkürzung, Wendung und
erneute Beschleunigung im Galopp
Dies ist eine typische Aufgabe der Doma Vaquera; sie hat ihren Ursprung

in der Rinderarbeit im freien Feld. Es handelt sich dabei um eine sehr impulsive, rasche Beschleunigung des Galopps (*Arreón*).

Sie unterscheidet sich insofern vom starken Galopp als daß hier ausschließlich das Tempo zählt und die Schubkraft, mit der das Pferd vorwärts katapultiert wird.

Der Reiter beschleunigt den Galopp seines Pferdes entlang einer langen Seite des 60 x 20 Meter messenden Vierecks. Aus diesem *Arreón* wird am Ende der langen Seite das Tempo etwas verlangsamt, um ausbalanciert durch eine 180-Grad-Wendung galoppieren zu können und unmittelbar darauf das Tempo wieder zu beschleunigen.

Das Pferd muß für diese Aufgabe sehr gut an der Hand stehen und ohne Zögern auf die vorwärtstreibenden oder verhaltenden Hilfen seines Reiters reagieren.

Beschleunigung und plötzliche Parade
Ein weiterer, typischer Übergang aus dem *Arreón* ist die plötzliche Parade, die Parada a raya, was übersetzt soviel bedeutet wie „Parade auf dem Strich". Diese Parade hat ihren Namen von der Tatsache, daß sie sehr plötzlich und brüsk erfolgt und auf diese Weise die Hinterbeine des Pferdes, vergleichbar dem *sliding stop* der amerikanischen Westernreiterei, zwei Striche in den Sandboden zeichnen.

Plötzliche Parade (Parada a raya)

Eine andere Interpretation lautet dahingehend, daß das Pferd derart abrupt stoppt, als ob es eine imaginäre Grenzlinie im Sand nicht übertreten wollte.

Um auf diese Art und Weise anzuhalten, muß das Pferd sehr gut an der Hand stehen und höchste Fähigkeit besitzen, seine Hinterhand unter das Gewicht des Körpers zu setzen.

Der Reiter gibt dieselben Hilfen wie für die ganze Parade, nur etwas verstärkt, um die Impulsivität des Stopps zu unterstreichen.

Die Ausbildung des Doma Vaquera Pferdes

Plötzliche Parade (Parada a raya)

Anfangs übt man eine normale Haltparade aus dem Galopp, wobei sich zusehends das Tempo des Galopps und die Intensität der Parade verstärkt.

Diese Übung darf jedoch unter keinen Umständen übertrieben werden, da sie ziemlich massiv auf das Pferd einwirkt

Sprintgalopp aus dem Rückwärtsrichten im Training.

und höchste Anforderungen an seine Gelenke und Sehnen stellt. Eine gute *parada a raya* wird stets über die exzellente Sitzeinwirkung des Reiters erreicht und weniger durch Zerren am Zügel, was daran erkennbar ist, daß das Pferd in Anlehnung am Zügel stehend mit geschlossenem Maul zum Stehen kommt.

Stoppt es mit hochgerissenem Kopf und weitaufgerissenem Maul, so kann der Stopp noch so spektakulär sein, der Reiter wird mit Punkteabzug für die Brutalität bestraft.

Rückwärtsrichten
und Anreiten im Sprintgalopp
Bei dieser Lektion handelt es sich nicht um ein normales Angaloppieren aus dem Rückwärtsrichten heraus, sondern um ein pfeilartiges Vorschießen des Pferdes aus der Rückwärtsbewegung. Das Pferd gibt dabei den Eindruck, einen Moment lang mit erhobener Vorderhand in der Luft zu verharren, bevor es, wie vom Bogen abgeschossen, nach vorne schnellt.

Man muß sich vergegenwärtigen, daß dieser „Bogen" die Hinterhand des Pferdes ist, die durch federndes Zusammenziehen der Hanken ein derartiges Energiereservoir freisetzt. Perfekte Gymnastizierung und eine gute Bemuskelung der Hinterhandpartie sind für diese Aufgabe unbedingt Voraussetzung.

Die Ausbildung des Doma Vaquera Pferdes

Sprintgalopp aus dem Rückwärtsrichten im Turnier

Sechs Teilnehmer an einer Doma Vaquera Prüfung warten auf die Musterung durch die Richter. Außen links eine Dame in Reitrock und Damensattel, neben ihr ein Reiter auf Spanischem Sattel, dessen Pferd den Schweif offen trägt.

Das Reglement der Doma Vaquera Turniere

Die Federación Hípica Española (FHE), der Spanische Fachverband für Reiten und Fahren, hat ein Reglement für Doma Vaquera Bewerbe verfaßt, das periodisch aktualisiert wird. Dieses Reglement, das der Turnierordnung für Dressurbewerbe entspricht, legt sämtliche Bereiche fest, die die Abhaltung von Doma Vaquera Turnieren betreffen. Es beinhaltet neben der Zahl und Ausbildung der Richter und den zu reitenden Aufgaben viele andere turnierspezifische Belange und unter anderem auch exakte Vorschriften über die korrekte Kleidung des Reiters (s. S. 130 ff.) und die zulässige Ausrüstung des Pferdes (s. S. 42ff.).

In diesem Abschnitt sollen nun einige Punkte dieser Turnierordnung kommen-

Das Reglement der Doma Vaquera Turniere

tiert werden, eine vollständige Aufstellung derselben ist aus Platzgründen hier nicht möglich und würde den inhaltlichen Rahmen dieses Buches sprengen.

Das derzeitig gültige Reglement für Doma Vaquera Bewerbe, entstanden aus der Notwendigkeit, objektive Bewertungskriterien zu schaffen, entwickelte sich mit vielen Modifikationen über Jahre hinweg und unterliegt auch heutzutage noch ständiger Revision, Überarbeitung und Verbesserung. Es erinnert in seinem Aufbau in weiten Strecken an die Turnierordnung der klassischen Dressur, reicht jedoch in der Präzision der Begriffe und in den Beurteilungskriterien an jene bei weitem noch nicht heran.

Die Turnierordnung

Die in den Prüfungsaufgaben vorgeschriebenen Übungen können vom Teilnehmer frei kombiniert werden, es gibt keine konkreten Punkte innerhalb des Vierecks, bei denen die Übungen begonnen oder beendet werden müssen. Es obliegt dem Gefühl und der Kreavität des Reiters, seine Übung so zu choreografieren, daß er sich und sein Pferd von der besten Seite zeigt. Jede Aufgabe kann (muß aber nicht!) von passender Musik untermalt sein. Mit diesen Vorgaben erinnert jedes Doma Vaquera Turnier in weitestem Sinn an die in der klassischen Dressur seit kurzem übliche Musikkür.

Einem Laien fällt es daher auch zunächst schwer, die einzelnen Übungen als solche zu erkennen. Erst nach einigen Bewerbern wird er die Zusammenhänge begreifen und die einzelnen Lektionen wiedererkennen.

Man sollte sich jedoch nicht der Illusion hingeben, daß die freie Kombinierbarkeit der Übungselemente auch eigenmächtige Veränderungen oder Ergänzungen des vorgeschriebenen Programmes oder gar der Turnierkleidung erlaubt.

Dies wird unter keinen Umständen toleriert. Der übergeordnete Sinn des strengen Reglements liegt ja, wie wir bereits gesehen haben, in der Bewahrung einer Tradition, die über Jahrhunderte hinweg nur mündlich von Generation zu Generation weitergegeben wurde.

Wenn auch das genauere Eingehen auf das Reglement der spanischen Doma Vaquera Bewerbe für Nicht-Spanier nur am Rande interessant scheint, sollen hier doch einige spezielle Punkte herausgegriffen werden, nicht zuletzt deshalb, weil dadurch interessierten Reitern die schwerpunktmäßige Arbeit ihrer

Pferde in der Doma Vaquera erleichtert wird. Weiß man, worauf in den spanischen Bewerben besonderer Wert gelegt wird, kann man bei der praktischen Arbeit mit seinem Pferd diese Punkte besonders berücksichtigen.

Das Viereck

Das Viereck für Doma Vaquera Bewerbe muß die Mindestgröße von 18 x 20 Meter aufweisen und in seiner Bodenbeschaffenheit den Ansprüchen eines klassischen Dressurbewerbes genügen. Staatsmeisterschaften werden auf einem Viereck mit den Maßen 20 x 40 Meter ausgetragen. Die Eckpunkte dieses Vierecks müssen mit ein Meter hohen Elementen (Stangen, Säulen) gekennzeichnet sein.

Der Einritt erfolgt bei einer der kurzen Seiten, an der gegenüberliegenden Seite hat der Präsident des Richterkollegiums Platz genommen. Die Begrenzung des Vierecks darf nicht durch Sträucher oder Mauern erfolgen, das Publikum muß einen Mindestabstand von zwei Metern zum Viereck einhalten.

Die Richter

Jeder Vaquerabewerb wird von drei Richtern gerichtet. Einer von ihnen, der Präsident des Richterkollegiums, ist gegenüber dem Einritt an der kurzen Seite positioniert. Die beiden anderen sitzen jeweils in der Mitte der langen Seite.

Bei Staatsmeisterschaften setzt sich das Richterkollegium aus fünf Richtern zusammen, von denen vier in gleichen Abständen entlang der beiden langen Seiten sitzen.

Die Kleidung des Reiters

Es gibt wohl keine reiterliche Wettbewerbssparte, in dem die Kleidung des Reiters bei gleichzeitig vorhandener Wahlmöglichkeit eine derartige Bedeutung hat wie in der Doma Vaquera.

Die im Wettbewerb getragene Kleidung muß in allen Punkten der traditionellen Vaquerobekleidung entprechen (s. S. 130). Speziell angemerkt soll in diesem Zusammenhang nur die fakultative Verwendung der Zahones, der ledernen Beinschürze, werden.

Im Hinblick darauf werden nämlich die Richter dazu angehalten, in ihrer Benotung Bedacht darauf zu nehmen, daß die korrekte Hilfengebung des Reiters nicht wirklich beurteilt werden kann.

Diese Tatsache kann gegebenenfalls zu Punkteabzügen führen, ein Grund dafür, warum Zahones von den Doma Vaquera Turnierplätzen zusehends verschwinden.

Die Ausrüstung des Pferdes

Die korrekte, zugelassene Ausstattung des Vaqueropferdes wurde bereits detailliert dargestellt (s. S. 42 ff.). An dieser Stelle soll noch auf die Verwendung der Gerte einegegangen werden. In den Prüfungskategorien zwei und drei ist ihre Verwendung gänzlich untersagt.

In der Kategorie eins (junge Pferde) ist sie optional: Die Gerte wird in der rechten Hand aufrecht getragen, eine tatsächliche Verwendung derselben als Hilfsmittel ist also auch hier nicht möglich.

Verpflichtend ist die Verwendung der Gerte nur für Frauen, die am Bewerb im Damensattel teilnehmen. Hier wird sie in der rechten Hand mit der Spitze nach unten getragen.

Die Vorstellung von Reiter und Pferd

Den offiziellen Beginn eines Wettbewerbs stellt die Präsentation von Pferd und Reiter vor dem Richterkollegium dar. Zu diesem Zweck nimmt das gesamte Starterfeld im Viereck Aufstellung und wird von den Richtern sowie einem Tierarzt gemustert.

Beurteilt wird die korrekte Ausstattung von Reiter und Pferde sowie die Verletzungsfreiheit des Pferdes, soweit diese von außen beurteilbar ist. Verletzungen an Maul (durch extensiven Kandarengebrauch), Nase (Serreta) oder an den Seiten (Sporen) werden mit Ausschluß geahndet.

Nur eine Durchschnittsnote von mindestens 5 qualifiziert den Reiter und sein Pferd zur tatsächlichen Teilnahme an der Prüfung.

Der Gruß

Der Gruß des Präsidenten des Richterkollegiums muß im Halten erfolgen. Frauen grüßen durch leichtes Nicken, Männer durch Ziehen des Sombreros mit der rechten Hand.

Die Haltung der Zügel

In der Prüfungskategorie eins (junge Pferde), die auf vier Zügel geritten wird, werden diese in der 3: 1-Haltung geführt. Die Kandarenzügel und der linke Zusatzzügel werden (getrennt von einem Finger) mit der linken Hand geführt, der rechte Zusatzzügel liegt in der rechten Hand.

In den Klassen zwei und drei werden die Pferde auf Kandare mit lediglich zwei Zügeln vorgestellt.

Dieses Zügelpaar muß in der linken Hand geführt werden und zwar auf die Weise, daß die Zügel (nur getrennt durch den kleinen Finger) von unten in

Das Reglement der Doma Vaquera Turniere

Doma Vaquera und die südspanische Kultur sind untrennbar miteinander verbunden.

die Hand hereinlaufen und sie zwischen Daumen und Zeigefinger wieder verlassen.

Jede andere Zügelhaltung gilt als schwerer Fehler. Die linke Hand soll exakt in der Mitte, direkt über dem Mähnenkamm getragen werden. Die rechte Hand darf nur benützt werden, um die Zügel zu verlängern oder zu verkürzen.

Die zulässige Zügelhilfe in den fortgeschrittenen Klassen beschränkt sich auf das „Gegenhalten" und darf niemals in direkter Einwirkung auf die Kandare geschehen. Direkte Einwirkung zeigt sich beispielsweise durch stärkeres Abweichen der linken Hand von der Idealhaltung über dem Mähnenkamm, die Verwendung mehrerer Finger der linken Hand zur Trennung der Zügel oder die unterschiedliche Länge der beiden Zügel.

Wie man sieht, ist die Zügelhilfe in der Doma Vaquera in ihrem Idealfall eine sehr leichte und diskrete! Der Reiter wird dazu angehalten, ein höheres

Augenmerk auf die Mitarbeit und den Gehorsam des Pferdes zu legen als auf die Krafteinwirkung, die er mit der Kandare erzielen kann.

Das Pferd soll auf andeutungsweise Zügelhilfen am Hals oder auf leichtes Gegenhalten unmittelbar und sensibel reagieren.

Die Ausführung der Übungen im Viereck

Wie bereits erwähnt, bleiben die Reihenfolge der vorgeschriebenen Übungen und der Punkt im Viereck, an dem diese vom Reiter ausgeführt werden, seinem Gutdünken überlassen. Bevor er die Darbietung beginnt, muß er jedoch eine Parade und einen formellen Gruß durchführen.

Es müssen ausnahmslos sämtliche in der jeweiligen Klasse vorgeschriebenen Übungen geritten werden und dies auf beiden Händen.

Wird eine der Übungen nur auf einer Hand ausgeführt, kann sie maximal mit der Note 5 (genügend) bewertet werden. Wird sie ganz ausgelassen, gilt die Benotung 0 (nicht ausgeführt).

In jeder Aufgabe existieren Übungen, die mit dem Koeffizienten 2 gerechnet werden. Diese Aufgaben gelten als Basisübungen der jeweiligen Bewerbskategorie und werden bei Nichtdurchführung mit 10 Strafpunkten geahndet.

Jede einzelne Übung wird nach einem Punktesystem zwischen 0 und 10 bewertet:

10 hervorragend
9 sehr gut
8 gut
7 ziemlich gut
6 zufriedenstellend
5 genügend
4 nicht genügend
3 ziemlich schlecht
2 schlecht
1 sehr schlecht
0 nicht ausgeführt

Die allgemeine Bewertung von Reiter und Pferd

Am Ende jeder Darbietung vergeben die Richter über die spezielle Bewertung hinaus auch noch allgemeine Noten, die sich auf folgende Kriterien beziehen:

1. Das Pferd: Gehorsam, Schubkraft und Versammlung
2. Der Reiter: Sitz und Haltung sowie korrekte Einwirkung (Hilfengebung)
3. Der Gesamteindruck: Kreativität und Repräsentation des Aire Vaquero

Die Doma Vaquera legt, wie wir schon an anderer Stelle gesehen haben, ganz besonderes Augenmerk auf den Gehorsam des Pferdes, also auf die augenblickliche Reaktion des Pferdes auf die Hilfen des Reiters, eine Eigenschaft, die ja in der ursprünglichen Weidearbeit von allerhöchster Bedeutung war und erstes Kriterium bei der Benotung der Erscheinung des Pferdes ist.

Eines der wichtigsten Kriterien für die Benotung des Reiters stellt die korrekte Haltung und Führung des Zügels dar.

Im Hinblick auf den Aire Vaquero (das Wesen des Vaquero) wird beurteilt, inwieweit der Reiter und sein Pferd den Geist der ursprünglichen Doma Vaquera verkörpern und in ihrer Darbietung umsetzen können.

Die Prüfungskategorien

Derzeit existieren drei Prüfungstypen:
1. Die Prüfung für junge Pferde zwischen fünf und sechs Jahren
2. Die Prüfung für fortgeschrittene Pferde mittleren Leistungsniveaus
3. Die Prüfung für fortgeschrittene Pferde hohen Leistungsniveaus

Pferde, die jünger als fünf Jahre sind, dürfen in keinem Bewerb vorgestellt werden. Es können auch Pferde, die jünger sind als sechs Jahre, in den höheren Klassen starten. Ist jedoch ein Pferd einmal in einer der fortgeschrittenen Kategorien gestartet, darf es in der Anfängerklasse nicht mehr antreteten. Das gleiche gilt für Pferde hohen Leistungsniveaus. Diese dürfen nicht mehr in der Klasse zwei vorgestellt werden.

Aufgaben für Doma Vaquera Turniere

Im Reglement der Associacion Nacional de la Doma Vaquera L.M., der Nationalen Vereinigung der Doma Vaquera, existieren drei Prüfungsaufgaben für Pferde verschiedener Ausbildungsniveaus. Die vorgeschriebene Ausrüstung von Reiter und Pferd ist in allen drei Klassen die gleiche.

In allen drei Klassen wird der Gehorsam des Pferdes (Durchlässigkeit!) sowie seine Schubkraft und korrekte Anlehnung (Versammlung!) beurteilt und in die Wertung mit aufgenommen. Ebenso haben der Sitz und die korrekte Hilfengebung des Reiters auf die Note einen Einfluß.

Diese beiden Parameter werden am Ende der Wertung mit jeweils maximal 10 Punkten in die Gesamtnote aufgenommen.

Ein weiterer Punkt, der zur Beurteilung von Reiter und Pferd herangezogen wird, ist der Ausdruck und der sogenannte „Aire Vaquero". Damit wird der Gesamteindruck des Paares und die Persönlichkeit des Reiters bewertet.

Klasse 1: Junge Pferde
Leichter Schwierigkeitsgrad

Die erste Aufgabe ist für junge Pferde im ersten Ausbildungsstadium gedacht. Teilnehmen dürfen Pferde zwischen fünf und sechs Jahren. Pferde, die das sechste Lebensjahr vollendet haben, dürfen in Klasse 1 nicht mehr starten, ebenso wie Pferde, die entsprechend ihrem Ausbildungsniveau bereits in einer höheren Klasse gestartet sind; auch sie dürfen in der „Jüngstenklasse" nicht mehr vorgestellt werden.

Das Zugeständnis an das noch frühe Ausbildungsstadium der Pferde liegt darin, daß diese mit vier Zügeln vorgestellt werden. Die Zusatzzügel können entweder in die Ringe der Serreta oder direkt in die Kandare eingeschnallt werden.

Dauer der Prüfung maximal 6 Minuten

Klasse 1

1. Vorstellung von Reiter und Pferd
   Beurteilung der korrekten Ausstattung von Reiter und Pferd
2. Einreiten im Arbeitstrab auf der Mittelllinie. Parade und Gruß
   Geradegerichtetes Pferd, Versammlung, Übernahme des Gewichtes durch die Hinterhand in der Parade, Balance und Unbeweglichkeit in der Parade.
3. Schritt geradeaus, Arbeitsschritt und versammelter Schritt
   Regelmäßigkeit des Ganges, korrekte Stellung des Kopfes, Hinterhand muß in die Tritte der Vorderhand treten oder diese überschreiten, Bewegung des Mosqueros muß die Bewegung des Pferdes rhythmisch begleiten.
4. Zirkel im Schritt, beide Hände
   Biegung von Kopf bis Schweif, regelmäßige Aktion auch in den Übergängen
5. Rückwärtsrichten mit Übergang zum Schritt
   Parade, mindestens vier Tritte rückwärts, fließender Übergang zum Schritt ohne Zwischenparade
6. Arbeitstrab und verstärkter Trab
   Regelmäßigkeit, Geraderichtung, Schubkraft und Übergänge
7. Arbeitstrab auf dem Zirkel auf beiden Händen
   Biegung, Regelmäßigkeit der Übergänge ohne Verlust der Aktion
8. Rückwärtsrichten mit Übergang zum Trab
   Vier Schritte rückwärts, fließender, rhythmischer Übergang mit Nachgeben des Halses und ohne Eilen

9. Arbeitsgalopp und Galoppverstärkung
   Fließende Übergänge, Rahmenerweiterung im verstärkten Galopp, stärkere Versammlung im Arbeitsgalopp
10. Zirkel im Galopp auf beiden Händen
    Korrekte Biegung, Untersetzen der Hinterhand
11. Rückwärtsrichten mit Übergang zum Arbeitsgalopp
    Parade, mindestens vier Tritte rückwärts, dynamischer Übergang zum Galopp ohne Zwischenparade
12. Große Acht: ein Zirkel im Handgalopp, der andere Zirkel im Kontergalopp, auf beiden Händen
    Biegung, korrektes Untersetzen der Hinterhand ohne von der Zirkellinie nach außen abzuweichen
13. Übergänge von Schritt zu Trab und von Trab zu Schritt
    Übergänge ohne Abweichung von der geraden Linie, Gleichgewicht von Reiter und Pferd
14. Übergänge von Schritt zu Galopp auf beiden Händen
    Übergänge ohne Abweichung von der geraden Linie, Gleichgewicht von Reiter und Pferd
15. Übergänge von Trab zu Galopp auf beiden Händen
    Übergänge ohne Abweichung von der geraden Linie, Gleichgewicht von Reiter und Pferd
16. Parade und Gruß in der Mitte des Vierecks. Verlassen des Vierecks im Schritt
    Geradegerichtetes Pferd im Gleichgewicht, Anreiten im Arbeitsschritt

Die Ausführung jeder Übung kann mit einem Maximum von 10 Punkten benotet werden, die Punktanzahl der Übungen 3, 12, 23, 14 und 15 wird mit Faktor 2 multipliziert. Hinzu kommen je 10 mögliche Punkte für die Beurteilung von Reiter sowie Pferd. Maximale Punktanzahl pro Richter: 320

Klasse 2: Pferde aller Kategorien, mittlerer Schwierigkeitsgrad

In dieser und der nächsthöheren Kategorie werden die Pferde ausschließlich auf Vaquerokandare gezäumt. Die beiden Zügel werden in der linken Hand des Reiters geführt.

Dauer der Prüfung maximal 8 Minuten

Klasse 2

1. Vorstellung von Reiter und Pferd
   Beurteilung der korrekten Ausstattung von Reiter und Pferd
2. Einreiten im Galopp, Parade und Gruß
   Geradegerichtetes Pferd, Versammlung, Übernahme des Gewichtes durch die Hinterhand in der Parade, Balance und Unbeweglichkeit in der Parade.
3. Schritt auf dem Zirkel auf beiden Händen
   Korrekte Biegung, Hinterhand tritt exakt in die Linie der Vorderhand
4. Traversale im Schritt in beide Richtungen
   Stellung in Bewegungsrichtung, Gleichgewicht, Taktreinheit
5. Ganzer Travers im Schritt in beide Richtungen
   Stellung in Bewegungsrichtung, Gleichgewicht, Taktreinheit
6. Pirouette um die Hinterhand im Schritt
   Ausgehend von der Mittelllinie, Hinterhand tritt auf der Stelle, Stellung des Kopfes in Bewegungsrichtung
7. Pirouette um die Vorderhand im Schritt
   Ausgehend von der Mittelllinie, Vorderhand tritt auf der Stelle, Kopf in Bewegungsrichtung gestellt
8. Viertel Vaquerawendung im Schritt
   Wendung um 90 Grad in drei Tempi, korrektes Aufnehmen des Pferdes, Wenden und Aufsetzen des Pferdes auf dem rechten Vorderbein, wenn man sich auf der rechten Hand befindet und vice versa, korrekte Stellung, Kopf führt
9. Rückwärtsrichten mit Übergang zum Schritt.
   Parade, mindestens vier Tritte rückwärts, fließender Übergang zum Schritt ohne Zwischenparade
10. Schritt geradeaus, Arbeitsschritt und versammelter Schritt
    Regelmäßigkeit des Ganges, korrekte Haltung des Kopfes, Hinterhand muß in die Tritte der Vorderhand treten oder diese überschreiten, Bewegung des Mosquero muß die Bewegung des Pferdes rhythmisch begleiten.
11. Galopp auf dem Zirkel und Zirkelverkleinern
    Korrekte Stellung, Gleichgewicht, Takt und Untersetzen der Hinterhand

12. Traversale im Galopp auf beiden Händen
    Korrekte Stellung in der Bewegungsrichtung
13. Einzelner fliegender Galoppwechsel
    Raumgriff und Fluß der Wechsel, Geraderichtung des Pferdes
14. Halber Zirkel im Außengalopp auf beiden Händen
    Ausgehend von einer geraden Linie, Pferd in leichter Außenstellung
15. Halbe Vaquerawendung im Galopp
    Korrekte Stellung und Versammlung, Abspringen und Landen
    mit derselben Hand (in der Bewegungsrichtung)
16. Beschleunigung (Arreo), Verkürzung, Wendung und erneute Beschleunigung im Galopp
    Übergänge im Gleichgewicht, ohne Hektik und abrupte Übergänge,
    Raumgriff in der Verstärkung
17. Beschleunigung und plötzliche Parade (Parada raya)
    Geraderichtung, Mitarbeit des Pferdes, keine Hektik und Verzögerung,
    starkes Untersetzen der Hinterhand bei der Parade
18. Rückwärtsrichten und Anreiten im Sprintgalopp auf beiden Händen
    Mindestens sechs Schritte Rückwärtsrichten, Geraderichtung,
    impulsives Anreiten und fließende Übergänge
19. Versammelter Galopp, Arbeitsgalopp und starker Galopp auf beiden Händen,
    Rahmenerweiterung im starken Galopp,
    Versammlung im versammelten Galopp
20. Parade, Unbeweglichkeit und Gruß in der Mitte des Vierecks.
    Verlassen des Vierecks im Schritt
    Geradegerichtetes Pferd im Gleichgewicht,
    Anreiten im Arbeitsschritt, ohne die Zügel hinzugeben

Die Ausführung jeder Übung kann mit einem Maximum von 10 Punkten benotet werden, die Punktanzahl der Übungen 8, 10, 15, 16, 17, 18, 19 und 21 wird mit Faktor 2 multipliziert. Hinzu kommen je 10 mögliche Punkte für die Beurteilung von Reiter sowie Pferd. Darüberhinaus wird der „Aire Vaquero", der Gesamteindruck der Darbietung, mit maximal 10 Punkten bewertet. Maximale Punktanzahl pro Richter: 310

Klasse 3: Pferde aller Kategorien, hoher Schwierigkeitsgrad

Klasse 3

Dauer der Prüfung maximal 8 Minuten

1. Vorstellung von Reiter und Pferd
   Beurteilung der korrekten Ausstattung von Reiter und Pferd
2. Einreiten im Galopp auf der rechten Hand, Halt und Gruß
   Geradegerichtetes Pferd, Versammlung,
   Übernahme des Gewichtes durch die Hinterhand in der Parade,
   Balance und Unbeweglichkeit in der Parade.
3. Schritt auf der rechten Hand: Arbeitsschritt und versammelter Schritt
   Taktreine Gänge, Geraderichtung, Übergänge,
   Ausrichtung von Hals und Profil,
   Hinterhand muß in die Tritte der Vorderhand treten oder diese überschreiten,
   Bewegung des Mosquero muß die Bewegung des Pferdes
   rhythmisch begleiten.
4. Schritt auf dem Zirkel auf beiden Händen
   Korrekte Biegung, Form des Zirkels
5. Traversale in beide Richtungen
   Stellung in Bewegungsrichtung, Gleichgewicht, Taktreinheit
6. Ganzer Travers in beide Richtungen
   Stellung in Bewegungsrichtung, Gleichgewicht, Taktreinheit
7. Pirouette um die Hinterhand im Schritt
   Ausgehend von der Mittellinie, Hinterhand tritt auf der Stelle,
   Stellung des Kopfes in Bewegungsrichtung
8. Pirouette um die Vorderhand im Schritt
   Ausgehend von der Mittellinie, Vorderhand tritt auf der Stelle,
   Kopf in Bewegungsrichtung gestellt
9. Halbe Vaquerawendung um die Hinterhand im Schritt
   Wendung um 180 Grad in drei Tempi, korrektes Aufnehmen des Pferdes,
   Wenden und Aufsetzen des Pferdes mit dem rechten Vorderbein,
   wenn man sich auf der rechten Hand befindet und vice versa,
   korrekte Stellung, Kopf führt

10. Rückwärtsrichten mit Übergang zum Schritt
    Parade, mindestens vier Tritte rückwärts,
    fließender Übergang zum Schritt ohne Zwischenparade
11. Arbeitsgalopp, versammelter Galopp und starker Galopp auf beiden Händen
    Rahmenerweiterung im starken Galopp,
    starkes Untersetzen der Hinterhand im versammelten Galopp
12. Galopp auf dem Zirkel und Zirkelverkleinern
    Korrekte Stellung, Gleichgewicht,
    Takt und Untersetzen der Hinterhand
13. Traversale im Galopp auf beiden Händen
    Korrekte Stellung in der Bewegungsrichtung
14. Fliegende Serien-Galoppwechsel auf einer geraden Linie
    Raumgriff und Fluß der Wechsel, Stellung
15. Außengalopp auf beiden Händen
    Ausgehend von einer geraden oder Zirkellinie,
    Kopf leicht nach außen gestellt
16. Halbe Vaquerawendungen im Galopp auf beiden Händen
    Korrekte Stellung und Versammlung,
    Abspringen und Landen mit derselben Hand
    (in der Bewegungsrichtung)
17. Ganze Vaquerawendungen im Galopp auf beiden Händen
    Gleichgewicht, klare Sprünge mit der Vorderhand,
    richtige Stellung und Weiterreiten ohne Verlust der Kadenz
18. Beschleunigung, Verkürzung, Wendung und erneute Beschleunigung im Galopp
    Übergänge im Gleichgewicht, ohne Hektik und abrupte Übergänge,
    Raumgriff in der Verstärkung
19. Beschleunigung und plötzliche Parade
    Geraderichtung, Mitarbeit des Pferdes,
    keine Hektik und Verzögerung,
    starkes Untersetzen der Hinterhand bei der Parade
20. Rückwärtsrichten und Anreiten im Sprintgalopp auf beiden Händen
    Mindestens sechs Schritte Rückwärtsrichten, Geraderichtung,
    impulsives Anreiten und fließende Übergänge

> 21. Parade, Unbeweglichkeit und Gruß in der Mitte des Vierecks.
> Verlassen des Vierecks im Schritt
> Geradegerichtetes Pferd im Gleichgewicht,
> Anreiten im Arbeitsschritt, ohne die Zügel hinzugeben

Die Ausführung jeder Übung kann mit einem Maximum von 10 Punkten benotet werden, die Punktanzahl der Übungen 3, 9, 11, 16, 17, 18, 19, 20 und 22 wird mit Faktor 2 multipliziert. Hinzu kommen je 10 mögliche Punkte für die Beurteilung von Reiter sowie Pferd. Darüberhinaus wird der „Aire Vaquero", der Gesamteindruck der Darbietung, mit maximal 10 Punkten bewertet. Maximale Punktanzahl pro Richter: 320

Der perfekt zurechtgemachte Vaquero und sein Pferd vor dem Turnier.

Die Tradition der Vaquerobekleidung

Schlägt man ein spanisches Buch über Doma Vaquera auf, wird man verwundert feststellen, daß ein Löwenanteil des Textes der detaillierten Beschreibung der einzelnen Kleidungsstücke des Reiters gewidmet ist, während die fachlichen Zusammenhänge oft in den Hintergrund treten. Verständlich ist diese Überbetonung der Kleidung des Vaquero dann, wenn wir uns erinnern, daß die Kunst der Weidereiterei von Generation zu Generation mündlich weitergegeben wurde. Der Sohn lernte vom Vater, die Praxis erhielt die Lehre. Kleidung war und ist in weitaus höherem Maße der Mode unterworfen als eine Reitlehre, und selbst in die traditonsreichsten Trachten schleichen sich im Laufe der Zeit neue, moderne Elemente ein, die dem Ursprünglichen nicht mehr entsprechen. Um dieser Durchmischung entgegenzuwirken, die allerorten auf den Ferias und bei diversen Showauftritten zu erkennen ist, haben die Vorreiter des Doma Vaquera Verbandes besonderen Wert auf eine strenge Festschreibung der Bekleidungsvorschriften gelegt. Wußten doch oft nicht einmal die sehr traditionsbewußten Pferdeleute so ganz genau, welche Farben nun kombinierbar waren und wie das passende Schuhwerk zur jeweiligen Hose auszusehen hatte.

Diese Bekleidungsvorschriften sollen im folgenden überblicksweise dargestellt werden, um dem interessierten Leser einen Anhaltspunkt dafür zu geben, welches denn nun tatsächlich die traditionelle, spanische Reitbekleidung ist und wo ein wenig Festtagsstimmung und Folklore die althergebrachten Zusammenhänge verfälschen.

Im Alltag der Feldarbeit wird die Bekleidungsvorschrift naturgemäß nicht so genau befolgt. Jeder Vaquero trägt - abgesehen von den Beinkleidern und Stiefeln - mehr oder weniger bequeme Alltagskleidung. Doch bereits beim etwas festlicheren Acoso und Derribo, das einer der großen Stierzüchter auf seiner Finca veranstaltet, wird die traditionelle Vaquerobekleidung aus dem Schrank geholt und stolz zur Schau gestellt. Daß auf offiziellen Fiestas oder den zahlreichen Pferdemessen für das gesamte Personal Vaquerobekleidung geradezu Pflicht ist, versteht sich von selbst.

Als Grundregel kann gesagt werden, daß für alle Kleidungsstücke Stoffe mit gedämpften Farben verwendet werden sollen, die gut aufeinander abgestimmt

Die Nieten sind meist aus Silber oder Eisen und zeigen die verschiedensten Formen.

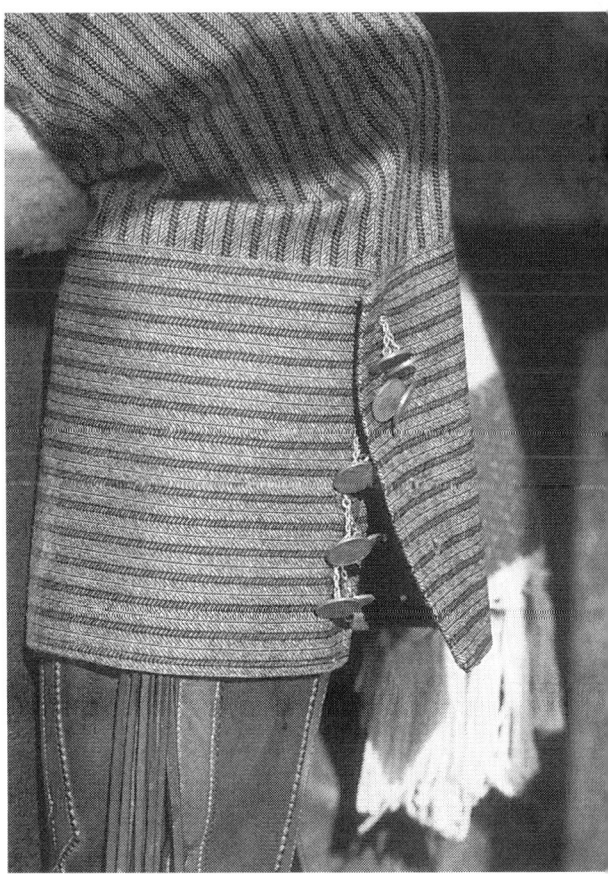

Die Tradition der Vaquerobekleidung

Die Aufschlaghose ist eine eher einfache Arbeitshose, die beim Reiten zweimal umgeschlagen wird.

In die Besatzhose sind nach Art der Manschettenknöpfe fünf Nieten eingeknöpft. Nur die obersten zwei werden geschlossen.

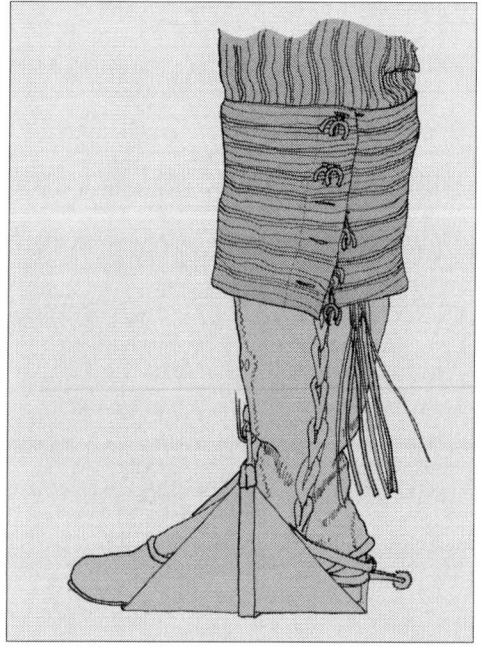

werden müssen. Bevorzugte Farben sind grau, braun, schwarz (mit Einschränkungen) oder im Sommer weiß und naturweiß. Gemustert dürfen die Stoffe lediglich im dezenten Streif oder Hahnentritt sein.

Die Hose

Es gibt zwei Arten von Hosen: die kurze Besatzhose und die längere Aufschlaghose. Beide Hosen sind körpernah und hoch geschnitten, ohne Taschen und weisen an der Innenseite Knöpfe für die obligatorischen Lederhosenträger auf.

Während die Aufschlaghose, die beim Reiten zweimal umgeschlagen wird, so daß das weiße Futter nach außen zeigt, eine eher einfache Arbeitshose ist, wird für das Turnier meist die elegantere Besatzhose (*Caireles*) gewählt. Diese ist wadenlang und verfügt am Besatz über fünf Knopflöcher, in die Nieten nach Art von Manschettenknöpfen eingeknöpft werden. Diese Nieten sind normalerweise aus Silber oder Eisen, können aber auch aus Horn, Leder oder Borsten hergestellt werden. Die beiden oberen Nieten werden geschlossen, die unteren drei Nieten bleiben offen, um einen Blick auf die Gamaschen zu gestatten.

Beide Hosen werden mit Schärpe oder Tuch getragen. Die (ausschließlich!) schwarze Schärpe ist ein traditionelles Kleidungsstück, das der Vaquero bei seiner Arbeit auf dem Feld trug. Sie schützte die Nierenpartie vor Auskühlung und die Lendenwirbelsäule vor Überlastungen. Außerdem bot sie Platz für Geld, Taschentuch und Messer. Das Tuch hingegen wurde meist nur von den *Garrochistas* verwendet, die damit ihre Jacke festbanden, damit sie im oftmals sehr schnellen Galopp nicht flatterte. Heutzutage ist die gängigere Hosengürtung das Tuch, vielleicht deshalb, weil das Acoso und Derribo zu einem Freizeitvergnügen der Gutsherren geworden ist. Das Tuch wird von den Garrochistas durch das mittlere Knopfloch der Jacke gezogen, um diese zu fixieren.

Die Guayabera ist ein kurzes Jäckchen mit Stehkragen.

Das Hemd

Das Hemd des Vaquero ist ein schlichtes, weißes Hemd mit Manschetten, die aus den Ärmeln der Jacke hervorschauen sollen. Der Kragenknopf ist stets geschlossen, Spitzen oder Rüschen auf der Brust und an den Manschetten sind nicht gestattet.

Das Gilet

Das Gilet ist untrennbar mit der kurzen Jacke verbunden und soll stets dieselbe Farbe wie diese zeigen. Es ist im Rücken verstellbar und wird mittels vier oder fünf Knöpfen verschlossen.

Die Jacke

Es gibt drei Jackentypen, die aus der Tradition des Vaqueros entstanden sind: Die *Chaquetilla*, eine kurze Jacke mit Kragen, die eher zu festlichen Anlässen getragen wird, die *Guayabera*, das am häufigsten bei Turnieren und auf Messen verwendete Stehkragenjäckchen und das *Marselles*, eine gefütterte Jacke mit spitzem Ausschnitt und Aufschlägen, die in der Regel nur bei kalter Witterung über die anderen Jacken gezogen wird. In Turnieren kommt diese Jacke kaum zur Anwendung, führt sie der Reiter doch mit sich, wird sie mit dem Futter nach

Die Tradition der Vaquerobekleidung

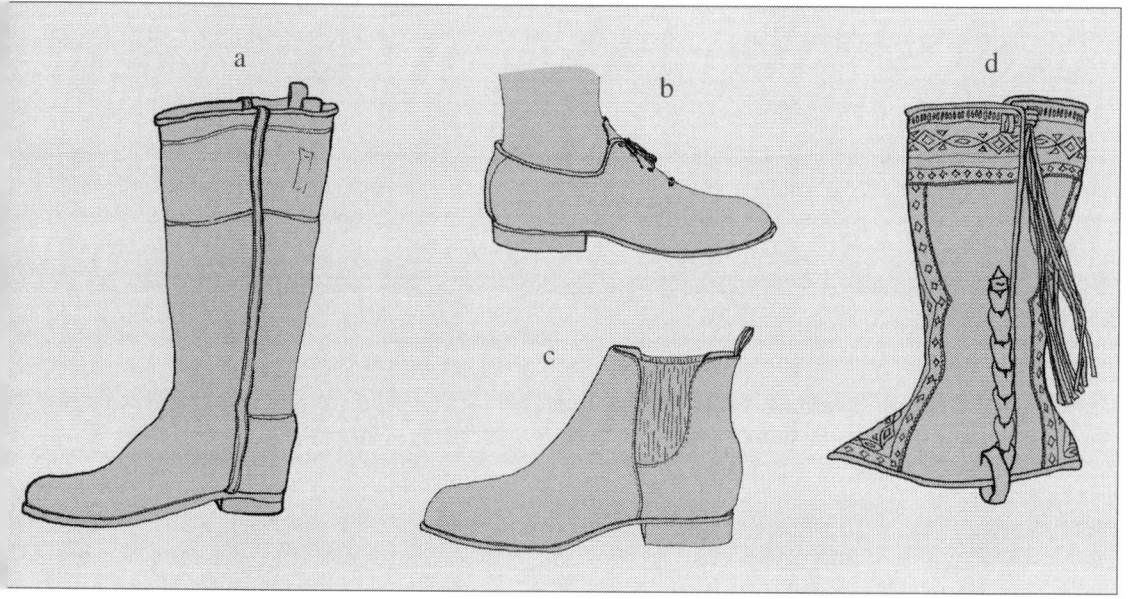

Das Schuhwerk des spanischen Vaquero:
a) Vaquero-Schaftstiefel
b) Vaquero-Schuh,
c) Vaquero-Stiefelette,
d) Caireles, die Vaquero-Gamasche

Traditionelle spanische Sporen sind stets Rädchensporen, die in Absatzhöhe befestigt werden

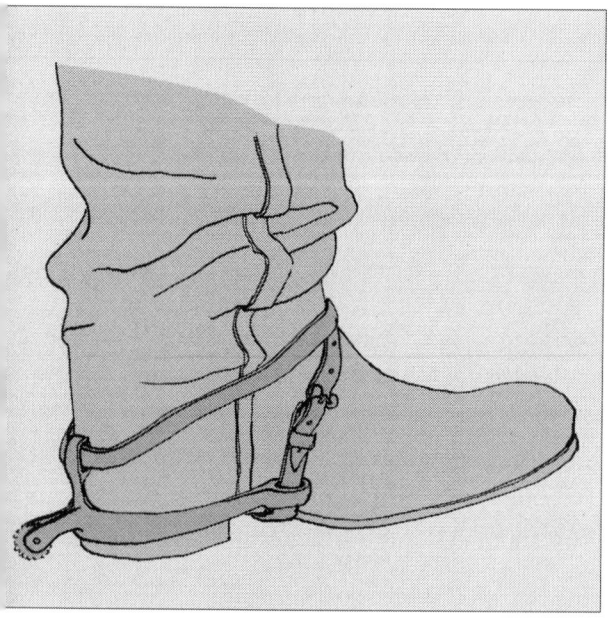

außen vor dem Sattel festgebunden. *Chaquetilla* und *Guayabera* haben fünf Knöpfe, von denen nur der oberste verschlossen wird, das *Marselles* wird mit drei Knopfpaaren geschlossen.

Das Schuhwerk

Dem spanischen Vaquero stehen dreierlei Schuhtypen zur Auswahl: der Vaquero-Schaftstiefel, der Vaquero-Schuh und die Vaquero-Stiefelette, wobei zu Schuh und Stiefelette immer Gamaschen getragen werden. Diese Gamaschen, die mit Fransen und Lederbesätzen auf das kunstvollste verziert sind, reichen von der Kniekehle bis zum Absatz. Verschlossen werden sie mit einer Verschnürung an der Außen-

Die Tradition der Vaquerobekleidung

seite des Beins. Darunter werden weiße Strümpfe getragen, die seitlich durchblitzen, da die Gamaschen in der Höhe der Wade nicht zugeschnürt werden.

Die Sporen

Traditionelle spanische Sporen sind stets Rädchensporen. Die mehr oder weniger langen Sporen sind je nach Beinlänge des Reiters und Konstitution des Pferdes nach unten oder innen gebogen. Die Rädchen haben meist acht Zacken, von denen vier etwas stärker betont sind. Es gibt auch Rädchen mit zwölf gleich großen Zacken. Befestigt werden die Sporen mit weißen oder hellbraunen Lederriemen, die am Rist überkreuzt und an der Innenseite des Schuhs verschnallt sind.

Die spanischen Sporen sitzen tiefer als die klassischen Sporen: sie werden mehr oder weniger in Absatzhöhe befestigt.

Die *Zahones*, der spanische Lederschurz

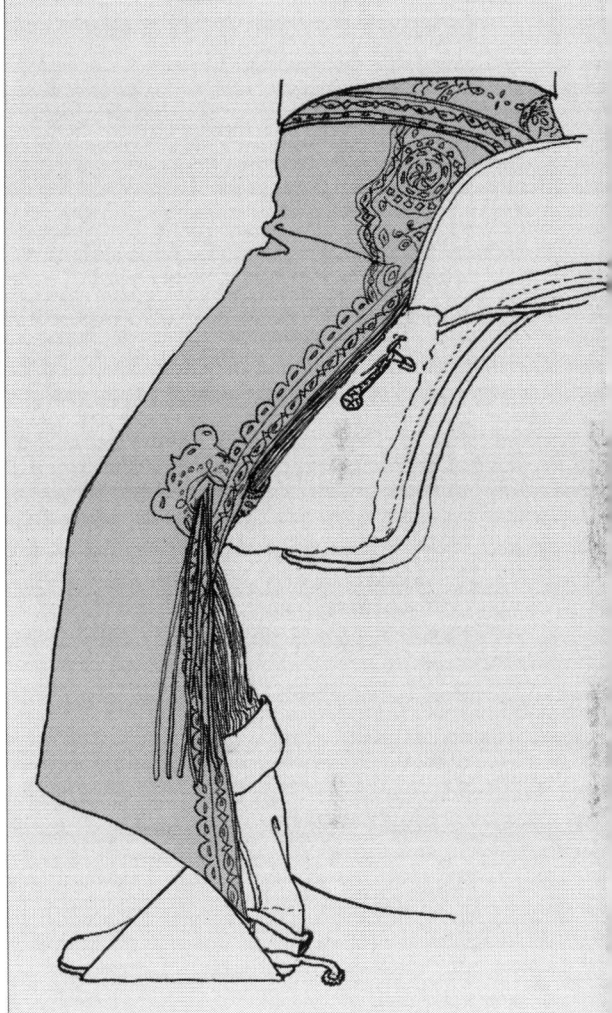

Zahones, die spanische Lederschürze, werden über den Hosen getragen und schützen diese vor Verschmutzung und die Beine des Reiters vor Verletzungen.

Zahones werden nur über Aufschlaghosen getragen. Diese unsererlande sehr beliebte, weil sehr dekorative und prachtvoll verzierte Lederschürze schützt Hose und Beine des Vaqueros vor Dornen und Ästen im Feld. Ähnliche Kleidungsstücke werden auch von den Cowboys Nordamerikas getragen und tragen dort den Namen *batwing-chaps*.

Im Bewerb sind *Zahones* zwar zugelassen, werden aber nicht gerne gesehen, da durch sie die korrekte Lage und Hilfengebung des Reiter-

Die Tradition der Vaquerobekleidung

Ein Garrochist hat sein Gürteltuch durch das mittlere Knopfloch seiner Jacke gebunden, um diese zu fixieren.

beines vom Richter nicht beurteilt werden kann.

Der Sombrero

Der spanische Vaquerohut hatte und hat in erster Linie die Funktion, den Kopf des Reiters vor der stechenden Sonne Andalusiens zu schützen (Sombra: Schatten). Die Krempe des Hutes ist breit und flach, er wird ins Gesicht gezogen und leicht geneigt getragen.

Während des Turniers (und zweckmäßigerweise auch während der Arbeit im Feld!) wird er mit Kinnband getragen, um bei plötzlichen Wendungen nicht vom Kopf des Reiters zu fallen.

Die wichtigsten Richtlinien und häufigsten Fehler im Zusammenhang mit der traditionellen Vaquerobekleidung (nach Juan Llamas) in tabellarischer Zusammenfassung:

In:

- Nüchterne Farben, wie grau und braun, die den Staub nicht zeigen. Glatte oder dezent gemusterte Stoffe, (wie feiner Streif, Hahnentritt o.ä.)
- Die Farbe des Hutes muß mit der übrigen Kleidung korrespondieren, zumindestens aber mit der Farbe der Jacke
- Halte offen, was geöffnet sein soll

Die Tradition der Vaquerobekleidung

(Chaquetilla, Besatzhose, Gamaschen) und schließe, was geschlossen sein soll (Gilet, oberster Hemdknopf)!
- Der Hut gehört auf den Kopf, außer zum Gruß!
- Immer mit Sporen, Hosenträgern, Gilet und Tuch oder Schärpe
- Die Hose mit weißem Aufschlag stets mit Schaftstiefeln, die Besatzhose mit Schuh oder Stiefelette

Out:

- Keine Krawatte, kein Halstuch, keine Handschuhe, kein Gürtel, keine Armbanduhr, keine Sonnenbrille.
- Besser ohne Bart und Schnurrbart, keine langen Haare oder Pferdeschwanz
- Kein schwarzer Sombrero. Keine Kleidung in Schwarz oder grellen Farben: speziell keine rote Schärpe und kein rotes Tuch
- Kein Hemd mit Rüschen, die Hosen ohne Bügelfalte
- Keine Zahones und Sporen, wenn man nicht am Pferd sitzt

Die Kleidung der Frau

Während in Doma Vaquera Wettbewerben immer noch verschwindend wenige Frauen starten, treten bei offiziellen Anlässen selbstverständlich auch Frauen zu Pferd in Erscheinung.

Im Bewerb tragen Frauen meist die gleiche Tracht wie ihre männlichen Kollegen, da sie auch im Stil der Männer reiten. Treten sie im Damensattel an, so tragen sie anstatt der Hose einen langen Reitrock in schwarz oder grau.

Im Übrigen gilt, obwohl weiblichen Teilnehmern etwas mehr Freiheit in der Wahl ihrer Kleidung zugestanden wird, auch hier das gleiche Prinzip: weniger ist mehr!

Das Haar hat ordentlich zu einem Knoten gesteckt zu sein, Blumen und bunte Bändchen sind verpönt.

*"Dies ist die Stunde, in der Mensch und Pferd eins werden:
der Zentaur tritt in Erscheinung"*

Nachwort:
Ein Plädoyer für die Tradition

Zwei Kapitel gaben uns einen kleinen Einblick in die Praxis der Ausbildung eines Vaqueropferdes. Leider erlaubt der vorliegende Rahmen kein detaillierteres Eingehen auf die Materie; realistisch gesehen bietet die Doma Vaquera mit all ihren Hintergründen und ihren Verflechtungen des Hier und Jetzt mit jahrhundertealten Traditionen einen Stoff, über den mehrere Bücher zu schreiben wären, vor allem wenn man berücksichtigt, daß auch in Spanien, dem Mutterland dieser uralten Reittradition, nur wenige Quellen zu diesem Thema existieren und ein Großteil der Überlieferung noch immer mündlich von der älteren zur jüngeren Generation weitergegeben wird.

Insofern erscheint es ziemlich gewagt, eine derart lebendige Reitweise in ein Schema pressen zu wollen und über Methodik, Ausbildungsziele und Turniere zu sprechen. Die Gefahr, dabei das aus dem Auge zu verlieren, was in Spanien als Wesen, als „Geist"

der Doma Vaquera bezeichnet wird, ist groß.

Trotzdem muß der Versuch gewagt werden, umso mehr, als daß erst das Festlegen von allgemein gültigen, nachvollziehbaren Regeln eine Reitweise „gesellschaftsfähig" macht und damit auch ein weitaus größerer Kreis an Interessenten angesprochen werden kann.

Erst dieser Kreis von Aficionados, von Liebhabern, garantiert einer Reitweise die Verbreitung, die sie braucht, um in unserer leistungsorientierten Zeit überleben zu können. Die Doma Vaquera darf niemals als simples Reitschema verstanden werden, durch das der Reiter leich-

Neben all den Regeln und Vorschriften sollte das Ursprüngliche, das Herz der Doma Vaquera nicht in Vergessenheit geraten

Nachwort: Ein Plädoyer für die Tradition

„Wenn am Ende des Tages alle Arbeit erledigt ist, kommt die Stunde in der sich die Sonne zur Ruhe begibt, die Stunde der Loslösung"

ter und schneller zum Ziel kommt als durch andere Reitweisen. Jede Ausbildung eines Pferdes benötigt in erster Linie Zeit und Geduld, aber auch ein hohes Maß an Können.

Über all den Regeln und Vorschriften sollte das Ursprüngliche, das Herz der Doma Vaquera nicht in Vergessenheit geraten.

Nur eingebettet in eine Vielfalt an Traditionen und Ritualen, von denen wir einige in diesem Buch kennenlernen konnten, läßt sich der tiefere Sinn dieser Reitweise erahnen: Doma Vaquera und die südspanische Kultur sind untrennbar miteinander verbunden. Ein Liebhaber der Doma Vaquera wird daher auch stets ein Liebhaber Spaniens und seiner Kultur sein und sich zeit seines Lebens darum bemühen, sich dieser anzunähern.

Um am Ende noch etwas von dem lebendigen, ursprünglichen Geist der Doma Vaquera durch dieses doch eher praxisbezogene Buch wehen zu lassen und damit den Kreis zu den einführenden Kapiteln zu schließen, erlauben Sie mir, nochmals Luis Ramos Paúl zu zitieren, einen Meister seines Fachs und sensiblen Kenner der Materie:

*Über die Heimkehr
der Vaqueros von der Arbeit:
Wenn am Ende des Tages alle Arbeit erledigt ist, kommt die Stunde, in der sich die Sonne zur Ruhe begibt, die Stunde der Loslösung. Es ist der Abschluß eines erfüllten Tages, wo man den Problemen des Alltags die Zügel schießen läßt, wo das Pferd in vollem Lauf hinter einer Kuh herjagt und sich ungehindert, aber doch kontrolliert über einem Teppich aus duftenden Kräutern strecken und dehnen kann. Es ist diese Stunde, in der der Mensch in unmittelbarsten Kontakt mit dem Land, seinem Pferd und dem Stier tritt. Es ist eine andere Welt, schwierig zu beschreiben, die gelebt sein muß und nicht erzählt.*

Am Ende jeden Tagewerks, an jedem Ort, wandert der Reiter nach Hause, in sein Heim, mit seiner Garrocha auf der Schulter. Schon hat sich die Sonne zur Ruhe begeben, aber noch hat die Nacht nicht die Herrschaft übernommen. Es ist die Stunde des Zwielichts, in der Hund und Wolf eins werden. Dies ist die schönste Zeit, um im langsamen Schritt über das Feld zu schlendern. Alles ist ruhig und friedlich. Der Reiter auf seinem Pferd kehrt zu sich selbst zurück, er richtet seine Aufmerksamkeit nach innen, auf seine Gedanken und seine Seele. Dies ist die Stunde, in der Mensch und Pferd eins werden: der Zentaur tritt in Erscheinung.

Daß dieses Buch ein wenig dazu beitragen möge, Sie auf Ihrem Weg zur perfekten Einheit mit Ihrem Pferd ein Stück weiterzubringen, das wünsche ich mir und Ihnen von Herzen.

Ein herzliches Dankeschön

Bei der Erarbeitung dieser Materie standen mir viele erstklassige Fachleute ihres Gebiets zur Seite, bei denen ich mich bei dieser Gelegenheit auf das Allerherzlichste für ihre Unterstützung und die vielen wertvollen Hinweise und Ratschläge bedanken möchte.

Zuallererst sei **Rafael Lemos** genannt, der nicht nur ein hervorragender Fotograf, sondern auch ein profunder Kenner und Liebhaber der Doma Vaquera in all ihren Aspekten ist. Die Gespräche mit ihm gaben diesem Buch seinen Rahmen. **José Fuentes**, der Präsident des nationalen spanischen Doma Vaquera Verbandes, lieferte mir viele Detailinformationen zu Geschichte und Turnierwesen der modernen Doma Vaquera.

Jean-Claude Dysli, der seit vielen Jahren in Südspanien einen Zucht- und Ausbildungsstall betreibt und ein perfekter Kenner der Materie ist, verdeutlichte mir die Zusammenhänge zwischen Doma Vaquera und Westernreiten und noch viele andere allgemeingültige Prinzipien der Horsemanship. Auch ihm sei hier herzlich gedankt.

Besondere Hilfestellung leisteten mir die Arbeiten von **Luis Ramos Paúl** sowie **Julia Garcia** und **Antonio Perál**, die mit ihren Büchern den Grundstock für die vorliegende Abhandlung schufen.

Nicht zuletzt möchte ich meiner Familie danken, meinem Mann José, der mich als Begleiter bei meinen Spanienaufenthalten und unbestechlicher Kritiker meines Manuskriptes unermüdlich unterstützte, sowie unseren Kindern Iska, Ian und Naya, die die zeitweilige körperliche und geistige Abwesenheit ihrer Mutter mit stoischer Gelassenheit ertrugen.

Literaturverzeichnis

Edo Roca, Isidoro
Doma Vaquera
  Iniciación a la dome de campo
  Ediciones El Caballo S.A.
  Barcelona, 1995
  ISBN 84-8509-10-3

Garcia, Julia und Peral, Antonio
Doma Vaquera
  Editorial Hispano Europea SsL.
  Barcelona, 1996
  ISBN 84-255-117-X

Kapitzke, Gerhard
Südspanien für Pferdefreunde
  Du Mont
  Köln, 1998
  ISBN 3-7701-1350-0

Klimke, Reiner
Grundausbildung des jungen Reitpferdes
  Franckh´sche Verlagshandlung
  Stuttgart, 1990
  ISBN 3-440-05380-6

Llamas, Juan
Tradicion Vaquera, Atuendo y Areos
  Eigenverlag
  Madrid, 1994
  ISBN 84-604-9931-6

Loch, Sylvia
Reitkunst im Wandel
  Franckh-Kosmos
  Stuttgart,1995
  ISBN 3-440-06914-1

Martín, José Rufino
Pinceladas sobre Acoso y Derribo
de ganado vacuno
  Guadalqivir, S.L. Ediciones
  Sevilla, 1996
  ISBN 84-8093-996-6

Miura, Antonio
Doma, Acozo y Derribo
  Noticias S.L.
  Aptdo de correos 18 267, 28080 Madrid
  ISBN 84-87428-08-8

Müller, Peter
España por dentro
  Lancero S.L.
  Madrid
  ISBN 84-604-0321-1

Ramos-Paúl, Luis
Doma Vaquera
  Noticias S.L.
  Aptdo de correos 18 267, 28080 Madrid
  ISBN 84-87428-06-1

Ziegner, K.A. von
Elemente der Ausbildung
  Cadmos Verlag GmbH
  Lüneburg, 1998
  ISBN 3-86127-322-5

Zeitfracht Medien GmbH
Ferdinand-Jühlke-Straße 7,
99095 - DE, Erfurt
produktsicherheit@zeitfracht.de